淺木 愼一

商法学通論 補巻 II

新運送法
改正商法案と新民法を基に

信山社
SHINZANSHA

はしがき

　本補巻Ⅱの内容は、民法新債権法を踏まえた上で、改正商法（案）の運送法に係る条文を、原則として逐条で考究している。運送取扱営業と（物流に関わる営業として）倉庫営業にも触れている。

　今次の改正商法（案）は、海商法制についても、時代に合ったものに変えようとしている。しかし、補巻Ⅱにおいては、海上物品運送の特則（船荷証券、海上運送状を含む）のみを扱い、海商法制全般に触れていない。海商法制に関する私の学修は、もう30年を超える昔に、名古屋大学大学院法学研究科の集中講義で、戸田修三先生から、その要諦の手解きを受けたに止まる。そんな私が海商法制全般を語るのは烏滸がましいと思うからである。

　補巻Ⅱの執筆の機会を捉えて、本巻の第１帖および第２帖の補訂をも巻末に加えることにした。第１帖および第２帖は、公表から既に７年ないし８年を経過しており、内容的にも現在の法事情から乖離した部分が少なくない。商法総論・総則（会社法総論・総則を含む）を法制や学説の変遷を含めて記述した物としては、平成以降で最も詳細な著作であるから（嘘だと思われる人は一読なさるが良かろう）、このまま放置しておくのは惜しい。加えて、第１帖および第２帖は、比較的補訂を施し易い部分でもあったので、急遽書き加えることにしたのである。

＊　　　　＊　　　　＊

　昨秋から病に悩まされ、今年のゴールデンウィークの時点では、専門的なものが読みづらいという病状であったから、そのことを思えば、正味１ヵ月半でこれだけ執筆できたのが不思議な程で、現状では精一杯のところである。

　こういう状態でありながら、どうしても筆を取らなければならないと思ったのは、やはり民法債権法の改正が成ったという事実が大きい。改正民法が成立する頃までには病を治して、新運送法を中心とした商法の

改正案を何とかしたいと考えていた。ところが、私の思いとは裏腹に恢復が遅れてしまい、このまま現状を静観すれば、この先、やるべき仕事が溜まってしまって、結果、何もやれずに終わることになりかねない。本書の内容については、読者の評価に委ねたいが、多少の精神的圧迫を加えるのも逆療法になるやも知れぬと机に向かってみた。

＊　　　　　＊　　　　　＊

　最後に一言だけ。本書は、信山社編集部の今井守氏に対する私の我儘の産物に他ならない。より有体に言えば、氏に対する私の甘えの産物である。本当に申し訳のないことである。

　平成 29 年 8 月

淺　木　愼　一

目 次

1 緒 言 ——————————————————————— 3
2 運送法制総則 ———————————————————— 3
  2-1 商法典の条文配置 ·································· 3
  2-2 総 則 規 定 ······································· 4
    2-2-1 総論および運送人の定義 ···················· 4
    2-2-2 陸上運送の定義 ···························· 5
    2-2-3 海上運送の定義 ···························· 6
    2-2-4 航空運送の定義 ···························· 7
3 物品運送契約の規律 —————————————————— 7
  3-1 物品運送契約の意義および成立 ······················· 7
  3-2 送り状の交付義務等 ································ 8
  3-3 危険物に関する通知義務 ···························· 9
  3-4 運 送 賃 ··· 12
  3-5 運送人の留置権 ··································· 13
  3-6 運送人の損害賠償責任 ····························· 13
    3-6-1 責任の原則規定 ··························· 13
    3-6-2 損害賠償の額 ····························· 14
    3-6-3 運送品の延着 ····························· 15
  3-7 高価品の特則 ····································· 16
    3-7-1 特 則 規 定 ······························ 16
    3-7-2 特則の適用除外 ··························· 17
  3-8 複合運送人の責任 ································· 18
    3-8-1 複合運送の定義 ··························· 18
    3-8-2 複合運送人の損害賠償責任 ················· 19
    3-8-3 準用の場合 ······························· 19
  3-9 相次運送人の権利義務 ····························· 20
  3-10 荷送人による運送の中止等の請求 ··················· 21
  3-11 荷受人の権利義務等 ······························· 22

目　　次

　　3-12　運送品の供託および競売 …………………………………… 24
　　3-13　運送人の責任の消滅(1) ……………………………………… 26
　　3-14　運送人の責任の消滅(2)——短期出訴期間 ………………… 28
　　　　3-14-1　序　論 …………………………………………………… 28
　　　　3-14-2　1年の出訴期間 ………………………………………… 29
　　　　3-14-3　出訴期間の延長 ………………………………………… 30
　　　　3-14-4　下請運送人への求償出訴期間 ………………………… 31
　　3-15　運送人の債権の消滅時効 …………………………………… 32
　　3-16　運送人の不法行為責任 ……………………………………… 32
　　3-17　運送人の被用者の不法行為責任 …………………………… 34
　　3-18　貨物引換証 …………………………………………………… 35
　　　　3-18-1　規定の削除 ……………………………………………… 35
　　　　3-18-2　民法の規定に基づく運送債権有価証券の利用 ……… 35

4　旅客運送契約の規律 ───────────────────── 36

　　4-1　旅客運送契約の意義および成立 …………………………… 36
　　4-2　運送人の責任 ………………………………………………… 36
　　4-3　特約の禁止 …………………………………………………… 37
　　4-4　託送手荷物に対する責任 …………………………………… 39
　　4-5　携帯手荷物に関する責任 …………………………………… 39
　　4-6　運送人の債権の消滅時効 …………………………………… 40

5　海上物品運送に関する特則 ─────────────────── 41

　　5-1　緒　言 ………………………………………………………… 41
　　5-2　個品運送 ……………………………………………………… 41
　　　　5-2-1　運送品の船積み等 ……………………………………… 41
　　　　5-2-2　船長に対する必要書類の交付 ………………………… 42
　　　　5-2-3　航海に堪える能力に関する注意義務 ………………… 42
　　　　　　5-2-3-1　現行商法規定の概観（42）
　　　　　　5-2-3-2　堪航能力担保義務の過失責任主義への転換（43）
　　　　　　5-2-3-3　現行商法739条の規律の制限（44）
　　　　5-2-4　違法船積品の陸揚げ等 ………………………………… 46
　　　　5-2-5　荷受人の運送賃支払義務等 …………………………… 46
　　　　5-2-6　運送品の競売 …………………………………………… 46
　　　　5-2-7　運送賃等に係るその他の改正 ………………………… 47

5-2-8　荷送人による発航前の任意解除権(1)……………………48
　　　5-2-9　荷送人による発航前の任意解除権(2)……………………49
　　　5-2-10　荷送人による発航後の任意解除権…………………………49
　　　5-2-11　個品運送契約の法定終了および法定解除権………………49
　　　5-2-12　積荷を航海の用に供した場合の運送賃…………………49
　　　5-2-13　非航海船による物品運送への準用……………………50
　5-3　航　海　傭　船………………………………………………………51
　　　5-3-1　運送品の船積み………………………………………………51
　　　5-3-2　第三者による船積み…………………………………………53
　　　5-3-3　傭船者による発航の請求……………………………………53
　　　5-3-4　船長の発航権…………………………………………………54
　　　5-3-5　運送品の陸揚げ………………………………………………54
　　　5-3-6　全部航海傭船契約の傭船者による発航前の任意解除権……55
　　　5-3-7　全部航海傭船契約の傭船者による発航後の任意解除権……56
　　　5-3-8　一部航海傭船契約の解除への準用…………………………57
　　　5-3-9　個品運送契約に関する規定の準用等………………………57
　　　5-3-10　再運送契約における船舶所有者の責任……………………58
　　　5-3-11　全部航海傭船契約の法定原因による終了…………………59
　　　5-3-12　全部航海傭船契約の法定原因による解除…………………60
　　　5-3-13　全部航海傭船の運送品の一部について生じた不可抗力……61
　　　5-3-14　一部航海傭船契約の法定終了および法定解除権……………61

6　船荷証券 ──────────────────────── 61
　6-1　現行商法の規整および船荷証券法制の現代化………………61
　6-2　船荷証券の交付義務……………………………………………63
　6-3　船荷証券の記載事項……………………………………………64
　6-4　謄本の交付………………………………………………………65
　6-5　荷送人または傭船者の通知……………………………………65
　6-6　船荷証券の不実記載……………………………………………67
　6-7　運送品に関する処分……………………………………………67
　6-8　船荷証券の譲渡または質入れ…………………………………68
　6-9　船荷証券の引渡しの効力………………………………………68
　6-10　運送品の引渡請求………………………………………………68
　6-11　数通の船荷証券を作成した場合における運送品の引渡し……68
　6-12　2人以上の船荷証券の所持人から請求を受けた場合の供託……69

目　次

　　6-13　船荷証券が作成された場合の特則 ……………………… 70
　　6-14　複合運送証券 …………………………………………… 71
7　海上運送状 ——————————————————— 72
　　7-1　緒　言 …………………………………………………… 72
　　7-2　改正商法(案)の規整 …………………………………… 72
8　運送取扱営業 ————————————————— 74
9　物流に係るその他の改正——倉庫営業 ——————— 76
10　寄託の条文番号 ———————————————— 79
　〔商法第2編第8章条文対照表〕………………………………… 81
　〔商法第3編第3章条文対照表〕………………………………… 82

〔補遺〕「非取締役会設置会社」なる用語について ……………… 85

◆〈補訂〉『商法学通論』第1帖・第2帖
　　　　（第Ⅰ巻、第Ⅱ巻の150頁まで）——————————— 89

1　緒　言 ————————————————————— 91
2　第1帖関係 ——————————————————— 91
　2-1　第1章関係 ……………………………………………… 91
　　2-1-1　現行商法典の編列およびその変遷 ………………… 91
　　2-1-2　わが企業社会の変遷と会社法の機能変化 ………… 92
　　2-1-3　民商法の規定内容の関係 …………………………… 92
　　2-1-4　民法の商化 …………………………………………… 92
　　2-1-5　行為法および組織法としての商法の特質 ………… 92
　2-2　第2章関係 ……………………………………………… 94
　　2-2-1　商　慣　習 …………………………………………… 94
　　2-2-2　商事自治法 …………………………………………… 94
　　2-2-3　普通取引約款 ………………………………………… 94
　　　2-2-3-1　小見出しの変更および新設（94）
　　　2-2-3-2　新設「2-5-2」の記述（95）
　2-3　第3章関係 ……………………………………………… 97
　　2-3-1　商法適用上の技術的概念 …………………………… 97
　　2-3-2　絶対的商行為 ………………………………………… 97

2-3-3　営業的商行為································· 98
　　2-3-4　附属的商行為································· 99
　　2-3-5　自然人の営業能力····························· 99
　　2-3-6　共益目的事業を行う法人······················· 99
　2-4　第4章関係···100
　　2-4-1　法人格否認の法理·····························100
　　2-4-2　会社の権利能力·······························100
　　2-4-3　会社の種類を区別する基準·····················100
　　2-4-4　合　名　会　社·······························100
　　2-4-5　株　式　会　社·······························100
　　2-4-6　旧商法上の合資会社···························101
　　2-4-7　同族会社・非同族会社·························101
　2-5　第5章関係···101
　　2-5-1　単元株制度の要諦·····························101
　　2-5-2　株券不発行化への歩み·························101
　　2-5-3　株主の権利···································101
　　2-5-4　株主の義務···································101
　　2-5-5　株主平等の原則·······························102
　　2-5-6　議決権制限株式·······························102
　　2-5-7　全部取得条項付種類株式·······················102
　　2-5-8　取締役・監査役選任種類株式···················102
　2-6　第1帖脚注補訂·····································103
　　2-6-1　第1章脚注更新·······························103
　　2-6-2　第2章脚注更新·······························103
　　2-6-3　第3章脚注更新·······························104
　　2-6-4　第4章脚注更新·······························104
　　2-6-5　第5章脚注更新·······························105

3　第2帖関係 ─────────────────────── 106

　3-1　第1章関係···106
　　3-1-1　商　事　組　合·······························106
　　3-1-2　有限責任事業組合·····························108
　　3-1-3　匿　名　組　合·······························108
　3-2　第2章関係···109
　　3-2-1　営業の意義···································109
　　3-2-2　営業の自由とその制限·························109

目　次

　　3-2-3　商人資格の取得時期……………………………………109
　3-3　第3章関係……………………………………………………109
　　3-3-1　株式会社の機関設計……………………………………109
　　3-3-2　発　起　人………………………………………………111
　　3-3-3　定　　款…………………………………………………112
　　3-3-4　発　起　設　立…………………………………………112
　　3-3-5　募　集　設　立…………………………………………115
　　3-3-6　設立の登記………………………………………………116
　　3-3-7　設立中の会社……………………………………………117
　　3-3-8　設立関与者の責任………………………………………117
　　　　3-3-8-1　小見出しの新設（117）
　　　　3-3-8-2　新設「6-3-1」の記述（117）
　　　　3-3-8-3　新設「6-3-2」の記述（118）
　　　　3-3-8-4　旧記述「6-3」以降（120）
　　3-3-9　会社の不成立……………………………………………120
　3-4　第4章関係……………………………………………………121
　3-5　第5章関係……………………………………………………121
　3-6　第6章関係……………………………………………………124
　3-7　第2帖脚注補訂………………………………………………124
　　3-7-1　第1章脚注更新…………………………………………124
　　3-7-2　第2章脚注更新…………………………………………125
　　3-7-3　第3章脚注更新…………………………………………125
　　3-7-4　第4章脚注更新…………………………………………127
　　3-7-5　第5章脚注更新…………………………………………127
　　3-7-6　第6章脚注更新…………………………………………129

　　　　　　　　　　───────────

『商法学通論〔補巻Ⅰ〕』補訂（131）
「会社」の語源考（133）

凡　例

◆ 新運送法法令略語表

航空	航空法
国際海運	国際海上物品運送法
商	商法
船舶安全	船舶安全法
仲裁	仲裁法
内航海運	内航海運業法
船主責任制限	船舶の所有者等の責任の制限に関する法律
民	民法
民執	民事執行法
民訴	民事訴訟法
民調	民事調停法

補巻 II
新運送法／改正商法案と新民法を基に

商法学通論・補巻Ⅱ

● 1 ● 緒　言

　いわゆる債権法見直しに係る「民法の一部を改正する法律」および「民法の一部を改正する法律の施行に伴う関係法律の整備等に関する法律」は、平成29年（2017年）の第193回国会（常会）において可決成立し、同年6月2日、同年法律第44号および同第45号として公布された。平成27年（2015年）の第189回国会（常会）に法案が上呈されて以来、漸く日の目を見ることとなったのである。

　他方、商法の全面現代語化を含む「商法及び国際海上物品運送法の一部を改正する法律案」の方は、平成28年（2016年）の第192回国会（常会）に上呈されたものの、その成立には、今暫くの時間を要しそうである。

　民法改正法については、本書の補巻Ⅰにおいて、不十分ながら、その概要を観察したが、ともあれ、改正民法と相俟って、改正商法（案）に基づくわが運送法体系の検討が、喫緊の課題となったことは確かである。本来であれば、本書Ⅳ巻の「第4帖・上の巻」の第4章を中心に改訂をなすべきところであるが、この箇所で触れなかった海上運送・航空運送を含め、補巻Ⅱ（本書）において、面目を一新したわが運送法の体系を記述することを試みたいと思う。

● 2 ● 運送法制総則

◆ 2-1　商法典の条文配置

　すでに述べたように（第4帖・上の巻第4章2）、商法典は、同じ物流に関する基本的営業に属しているにもかかわらず、運送営業と倉庫営業とを分断する形で配置している。この点は、改正商法（案）も同様であり、依然として、商法典第2編第8章に「運送営業」を、同第9章第2節に「倉庫営業」を置き、両者の間に割り込む形式で、同第9章第1節に「場屋営業」を中心とする規定を置いている。また、運送に関していえば、物流の基本的営業たる運送営業の前に、運送の取次ぎを業とするにすぎない「運送取扱営業」を配置している（同第7章）。これも変わらない。

上の条文の配置が必ずしも適当でないことは、すでに指摘したとおりであるが、今回の改正（案）は、ともかくも全面現代語化の方を優先させたのであろう。

◆ 2-2 総則規定

2-2-1 総論および運送人の定義

現行商法569条は、陸上運送人の定義規定と位置づけられる。現行の第3編海商編には、そもそも「運送人」という単語が用いられていない。改正商法（案）569条は、運送が行われるすべての地域（陸上、海上、空中）につき共通の規律として「運送人」の定義をし（改商（案）569①）、併せて、「陸上運送」「海上運送」および「航空運送」を定義づけている（改商（案）569②～④）。運送人が、運送契約の当事者として重要な概念であるため[1]、この者について、運送地域を問わず、陸上運送、海上運送または航空運送の引受けをすることを業とする者との定義規定を設けたものである。

すなわち、改正商法（案）の規定ぶりは、商法第2編第8章を、すべての運送契約に共通して適用される原則的な規律とし、海上運送について同第3編第3章に海上物品運送に関する特則を規定していると観察しうる。航空運送について特則は設けられていない。その理由につき、山下友信の解説によれば、「立案の思考過程としては、陸上運送に関する規律を出発点として考えて、これを海上運送および航空運送にも適用すると仮定して支障が生じるかどうかを考えた場合に、海上運送については陸上運送に関する規律の適用を前提とした上で特則的規律が必要となるが、航空運送については、特則的規律は必要ではないということが確認されるので、そうであれば陸上運送に関する規律を運送に関する総則的規律とすることができるということである[2]」とされている。

現行商法569条は、〔陸上〕運送人を「運送ヲ為スヲ業トスル者」と定

---

(1) 商法（運送・海商関係）等の改正に関する中間試案の補足説明（以下、単に「補足説明」と表記）第1部第1、1。
(2) 山下友信「運送（運送・海商関係）等の改正に関する要綱について」ＮＢＬ1072号（2016年）5頁。

義しているのに対し、改正商法（案）569条1号は、運送人について、「運送の引受けをすることを業とする者」に改めている。これにより、荷送人との間で運送契約を締結した上で実際の運送を下請運送人に委託する者も運送人に含まれることが明らかとなる[3]。もっとも、現行商法569条の「運送ヲ為スヲ業トスル」の規定は、従来から、「運送の引受けを業とする」との謂であると解されてきた。運送行為は事実行為であるから、運送人は、運送の引受けをなすことを業とすることによって、商人となる（商502④、4Ⅰ）。すなわち、運送をすることを引き受け、これに対して報酬を受けることを約する契約を締結することを営業とする者が運送人である[4]。これは変わらない。

2-2-2 陸上運送の定義

中間試案の段階では、陸上運送の定義につき、甲案および乙案が併記されていた。甲案(1)は、現行商法569条の規律を維持するもので、地理上の陸上のみならず、湖川、港湾その他の平水海域を「陸上」とするものであった。他方、乙案(1)は、改正商法（案）569条2号に採用されたものであって、「陸上」とは、文字どおり「陸上」に限られると読み取ることができるものである。

現行法の下では、たとえば琵琶湖や瀬戸内海における船舶を用いてする運送は、陸上運送に分類される。しかし、瀬戸内海の広範囲の海域のように、平水区域内の船舶による運送を陸上運送と評価することは、社会通念上相当でない[5]と考えられるので、乙案(1)が採用されたのであろう。加えて、船舶安全法（昭和8年(1933年)法律第11号）上の堪航性保持義務は、平水区域を航行区域とする船舶にも課されること（船舶安全29ノ7）、内航海運業法（昭和27年(1952年)法律第151号）では、輸送の安全の確保等の観点から、内航海運の他、もっぱら湖、沼または河川において営む内航海運業に相当する事業についても約款（この約款は、民法の定型約款の意義に合致しよう）の届出制等の規律が定められていること（内航海運業27）等を踏まえたものである[6]といえよう。

---

(3) 補足説明第1部第1、1。
(4) 拙著『商法学通論Ⅳ』（信山社・2013年）322頁。
(5) 補足説明第1部第1、2(1)参照。

よって、商法上、陸上運送にいう「陸上」とは、原則として、地理上の陸上および何処であれ地中を指すことになる（ただし、例外を認めなければならない）。後述するように（2-2-4）、超低空もまた陸上を指すと解すべきである。
　「物品」および「旅客」の意義についても、従来の解釈が維持される。
　「運送」の意義もまた、陸上運送に限っては、同様に従来の解釈が維持されよう。すなわち、物品または旅客を自己の管理下（保管下）に置いて、その場所的移動をなすことをいい、距離の長短を問わず、また、人力、動物の力、機械力による場合や、動物の運搬または自動車の回送のように、運送の目的物自体の力による場合をも含むものであって、動力が何であるかを問わず、さらに運送用具等が何であるかを問わない[7]。改正商法（案）569条2号は、同3号や同4号と異なり、文理上、運送用具等に何ら制限を設けていないので、こう解される。陸上運送営業は、いわゆる零細企業であっても、容易に参入することが可能である。

2-2-3 海上運送の定義

　陸上運送において、中間試案第1部第1、2中の乙案(1)が採用された結果、必然的に、海上運送についても、同乙案(2)が採用された。
　すなわち、改正商法（案）569条3号は、従来の平水区域内における船舶による運送をも「海上」運送に取り込んだわけである。本条本号によれば、「船舶」とは、①商行為をする目的で航海の用に供する船舶（改商（案）684参照）、および、②商行為をする目的でもっぱら湖川、港湾その他の海以外の水域において航行の用に供する船舶（改商（案）747参照）を指し、①②ともに、端舟その他櫓・櫂のみをもって運転し、または主として櫓・櫂をもって運転する舟を除く（各改商（案）かっこ書参照）。したがって、観光用筏下りのごときは、海上旅客運送には該当しない。これは、従来どおり、陸上旅客運送に分類すべきであろう。かく観れば、条文上は「海上運送」であるが、実質的には「水上運送」である（「船舶」の指定如何にもよるが「水中」も含むと解される）。

---

(6)　同前参照。
(7)　拙著・注(4)前掲322頁。

2-2-4 航空運送の定義

　改正商法（案）569条4号は、新たに航空運送の定義規定を設けた。航空運送とは、航空機による物品または旅客の運送をいう。ここに「航空機」とは、人が乗って航空の用に供することができる飛行機、回転翼航空機、滑空機、飛行船その他政令で定める機器をいう（航空2Ⅰ）。したがって、近時実験が進められている小型無人機ドローンによる物品運送のごときは、航空物品運送ではない。これまた陸上物品運送に分類すべきである。

● 3 ● 物品運送契約の規律

◆ 3-1　物品運送契約の意義および成立

　現行商法の運送契約に関する規定は、運送営業についての規定という形式になっており（陸上運送につき、商569～592、海上運送につき、商737～787）、民法の典型契約のような各種の契約の定義と成立要件を定める規定を設けていない[8]。改正商法（案）は、陸上運送、海上運送および航空運送に共通する総則的規律を定めることが分かり易いことから[9]、物品運送契約の基本的内容を示すべく、物品運送契約の成立要件を定めるという形式をもって、物品運送契約の定義規定を設けた。改正商法（案）570条がこれである。匿名組合契約に関する冒頭の規定（商535）などが参考にされたようである[10]。

　物品運送契約は、諾成・不要式の契約であって、契約当事者は、運送人と荷送人である。加えて、本条は、荷送人の運送賃支払債務の発生時期にも言及している。運送人は、特約がなくとも、相当の報酬すなわち運送賃を請求することができる（商512）。運送契約は、運送という仕事の完成を目的とするものであるから、請負契約（民632）の1類型である。民法上、その報酬は、原則として、仕事が完成した後でなければ請求できない（民633）。改正商法（案）570条は、「荷送人がその結果に対して

---

[8]　山下・注(2)前掲6頁参照。
[9]　補足説明第1部第2、1参照。
[10]　補足説明第1部第2、2参照。

その運送賃を支払うことを約することによって」と明定し、後払いを原則としている。「その結果に対して」であるから、やむをえず不到達に終わった場合も含まれる。もとより、報酬（運送賃）の支払時期は、当事者の特約が優先する。

◆ 3-2 送り状の交付義務等

　改正商法（案）571条は、現行商法570条の後継規定である。「運送状」という単語を「送り状」に改めている。運送人は、荷送人に対し、送り状交付請求権を有する（改商（案）571Ⅰ柱書）。送り状の法定記載事項は、①運送品の種類、②運送品の容積もしくは重量または包もしくは個品の数および運送品の記号、③荷造りの種類、④荷送人および荷受人の氏名または名称、⑤発送地および到達地、である（改商（案）571Ⅰ各号）。上記①ないし③の事項は、現行商法570条2項1号を引き継いでいる。④は、同条同項3号を引き継いでいるが、荷受人のみならず、荷送人の氏名・名称を記載事項に追加している。⑤は、同条同項2号を引き継いでいるが、到達地のみならず発送地を記載事項に追加している。実務の取扱いを尊重したものであろう。④および⑤により、契約当事者および運送行為の起点・終点が明らかになっている。なお、現行商法570条2項4号の「運送状ノ作成地及ヒ其作成ノ年月日」という事項は除かれた。送り状は、運送契約に関する証拠書面（しかも、記載事項の範囲内で一応の証拠力を有するにすぎない書面）であるから[11]、送り状の作成地や作成年月日は、運送契約の内容とは無関係であると判断されたのであろう。

　改正商法（案）571条2項は、送り状の交付に電磁的方法による途を許すものである。

　なお、送り状については、荷送人の署名もしくは記名押印または電子署名が要求されていない（現商570Ⅱ柱書対照）。実務の運用上、情報伝達の際の利便性を重視してこれを省略することを可能にするとの趣旨の提案[12]を汲み取ったのであろう。

---

(11) 拙著・注(4)前掲324—325頁。
(12) 補足説明第1部第2、3(1)参照。

◆ 3-3 危険物に関する通知義務

　現行法上、危険物の運送を委託する荷送人の通知義務につき特段の規定は置かれていない。しかし、運送対象が多様化する中で、さまざまな危険物も運送される可能性がある。よって、運送人をして、運送用具や他の荷主の運送品に危険物を原因とする被害が生じることを回避するために、運送そのものを拒否せしめるか、あるいは引き受けても危険が及ばないような措置を執らしめる必要がある[13]。ところが、現行法の下では、運送人が、運送対象に危険物が含まれるということを知るのは必ずしも容易ではない。

　判例（最判平成5年（1993年）3月25日民集47巻4号3079頁）は、「海上物品運送業者は、危険物であることを知りながら、これを運送する場合には、船舶及び積荷等の安全を確保するため、当該危険物の危険性の内容、程度及び運搬、保管方法等の取扱上の注意事項を調査し、適切な積付け等を実施して、事故の発生を未然に防止すべき注意義務を負っている」と判示している。物品運送業者の専門家としての調査能力に期待してこう判示したのかも知れないが、運送対象物品が危険物であるや否やを、運送人に逐一調査させるのは、酷に過ぎるといえなくもなかろう。近時の条約や外国立法では、危険物の運送を依頼する荷送人に対して危険物であることの通知義務を課す規定を設けるのが通例となっている[14]。解決方法としては、こちらの方が合理的であろう。

　わが国においても、公法上の規則ではあるが、船舶安全法28条に基づく危険船舶運送及び貯蔵規則（昭和32年（1957年）運輸省令第30号）17条が、船舶による運送の場合に、荷送人は、船舶所有者等に対し、危険物を識別する国連番号や品名等を記載した危険物明細書を提出する義務を負うと規定している[15]。

　改正商法（案）572条は、「荷送人は、運送品が引火性、爆発性その他の危険性を有するものであるときは、その引渡しの前に、運送人に対し、その旨及び当該運送品の品名、性質その他の当該運送品の安全な運送に

---

(13)　山下・注(2)前掲6頁参照。
(14)　同前。
(15)　補足説明第1部第2、3(2)ア参照。

必要な情報を通知しなければならない。」と規定し、新たに、危険物に関する通知義務を荷送人に課すこととした。

「危険物」の意義については、改正国際海上物品運送法（案）6条1項と平仄の合う定めとなっている。一般的な定めとなっているが、一般法である商法においては、ある程度抽象的な規律とせざるをえないという事情があったためである(16)。

先に掲げた平成5年(1993年)判例は、運送人が危険物に係る注意義務を負うことを前提に、運送人が通常尽くすべき調査により、運送品の危険性の内容、程度および取扱上の注意事項を知りえるときは、その物品の製造業者および販売業者（必ずしも荷送人でないことに注意）は、運送人に対し、これらの事項を告知する義務はないとしたものである。しかし、改正商法（案）572条の下では、運送人が危険物の性質等を知りまたは知ることができた場合であっても、荷送人は通知義務を負う。運送人の主観的事情は、通知義務違反に基づく荷送人の損害賠償責任の判断に際し、損害との間の相当因果関係や過失相殺という枠組みの中で考慮されることになろう(17)。

危険物についての通知義務の履行を確保するために、荷送人の運送人に対する通知義務違反については、損害賠償責任が課されることになる(18)。これが本則であることは、いうまでもない。問題は、通知義務違反を無過失責任とすべきか否かという点にあった。法制審議会商法（運送・海商関係）部会では、運送人側の観点と荷主側の観点から、大きく意見が対立したようである(19)。そのため、中間試案の段階では、その第1部第2、3(2)イにおいて、過失責任とする甲案と無過失責任とする乙案とを併記していた。仮に無過失責任主義を採用すれば、運送人の保護に資すること、大であったはずである。

改正要綱第1部第2、3(2)イでは、通知義務違反が「荷送人の責めに帰することができない事由によるものであるときは」、運送人は荷送人

---

(16) 同前参照。
(17) 同前参照。
(18) 山下・注(2)前掲6頁。
(19) 同前参照。

に対する損害賠償請求ができないという案を採用した。ここで「過失」という文言を使用しなかったのは、免責事由が取引上の社会通念に照らして判断されるべきものであって、「免責事由」が必ずしも「過失」と同義ではないとする改正民法の姿勢に平仄を合わせたものであろうか。いずれにせよ、たとえば、封印されたコンテナの運送を引き受けた者が実際の運送を自らが荷送人として下請運送人に委託する事案や、運送品の危険性につき十分な知識を有しない消費者が運送を委託する事案では[20]、具体的な事情により、危険物に関する情報を運送人に通知しなかったことについて、取引の社会通念に照らして、荷送人側に免責事由が認められると評価されることもありうる。危険物の範囲が、先に述べたように、ある程度抽象的にならざるをえないこともあり、荷送人に無過失を要求するのは酷であるとの判断も加味されたのであろう。

　しかし、改正商法（案）572条は、文理上は、通知義務の存在を前提に、免責につき例外を認めないような規定ぶりとなっている。このような規定ぶりにもかかわらず、商法部会における検討の趨勢からしても、本条が無過失責任主義に舵を切ったと見るのは早計であろう。本条は、任意規定であるから[21]、通知義務の内容については、特約が優先する。現代の運送物品の対象は多様化しているから、荷送人の責任を高い水準に設定しようと欲すれば（主として契約当事者の双方が企業であるとき）、無過失の特約を交すことも可能であり、荷送人が消費者であるとき等には、免責事由をあらかじめ緩和しておくといった運用が考えられる。また、航空運送については、危険物により運送手段そのもの（航空機）が墜落してしまうという事態も考えられるので、無過失責任とする特約が有用である。特約が存在しない場合、本条の義務は、運送契約にともなう法定の付随義務として荷送人に課せられたものと評価できるから、通知を怠ったときは、債務不履行の処理準則が働くものと解される。そうであるとすれば、通知不履行にともなう損害賠償債務の発生原因および取引上の社会通念に照らして、荷送人の責めに帰することができない事由によるものであるときは、荷送人は通知義務違反による損害賠償債務

---

[20]　補足説明第１部、第２、３(2)イ参照。
[21]　山下・注(2)前掲６頁。

を免れると解すべきであろう（民415Ⅰただし書参照）。免責事由があることの立証責任は、荷送人にある。

◆ 3-4 運送賃

改正商法（案）573条1項は、運送賃の支払時期を直接明定したものである。これまで、商法中に明定がなかったものを明らかにしたにすぎない。すでに述べたように（3-1）、物品運送契約は請負契約の1類型と解されるので、民法633条の趣旨を、運送契約において明確にしたものであると評価できる。従来の学説によれば、運送賃請求権の発生時期は、運送の完了時、すなわち運送品の引渡しをなしうべき状態が整ったときをいうと解されていたところ[22]、本条本項は、「引渡しと同時に」と明定した。従来の解釈が変わる可能性もあるが、ここに「引渡し」とは、現実の引渡し・簡易の引渡し・占有改定・指図による占有移転を含むものであろうから、実務上それほど困難な問題を生じないであろう。

改正商法（案）573条2項は、現行商法576条1項を現代語化した上で、その内容を引き継ぐものである。現行法の「全部カ滅失シタルトキ」は、改正法（案）の「滅失したとき」に対応し、同様に、「一部カ滅失シタルトキ」は、「損傷したとき」に対応するものと観てよい。「不可抗力」の意義についても、従前の考え方を踏襲してもよいと考えられる。通説は、この不可抗力を平成29年（2017年）改正前民法536条1項にいう「当事者双方の責めに帰することができない事由」と同一に解した。危険負担の制度設計変更により、民法536条1項は改正されたが、「当事者双方の責めに帰することができない事由」の意義に変更はないと考えられるからである。なお、石井照久・鴻常夫は、この不可抗力を場屋営業者の受寄責任に係る現行商法594条1項のそれと同義に解するが[23]、現行の同条同項は、改正商法（案）596条1項に移されている。

改正後の民法536条1項の存在が、改正商法（案）573条2項の解釈に影響するか。改正商法（案）573条2項を、従来と同様に、民法536条を明確にするための規定であると位置づけるのであれば、その解釈と平仄

---

[22] 拙著・注(4)前掲325頁。
[23] 同前326頁参照。

を合わせ、不可抗力による運送品の滅失・損傷により、荷送人の運送賃支払債務は、消滅するのではなく、荷送人において、運賃の支払いを拒むことができることになるだけであると解することになろう。

改正商法（案）573条3項は、現行商法576条2項を現代語化して、その規律をそのまま承継するものである。

3-5 運送人の留置権

改正商法（案）574条は、運送人の留置権に関する規定である。現行商法589条は、同562条を準用して、運送人は、運送品に関して受け取るべき運送賃、荷送人のために立て替えた費用または前貸金についてのみ、これらを被担保債権として、その運送品の上に留置権を有するとしているが、改正商法（案）は、被担保債権の範囲を変更している。すなわち、付随の費用が追加され、前貸金が削られている。これは、現行商法753条1項（船舶所有者の留置権）の規律を参考にしたものである[24]。この留置権の意義等は従前と変わらない。

留置権の成立時期に関しては、先に述べたように（3-4）、改正商法（案）573条1項が、運送賃請求権の発生時期を引渡しの時としたため、これとの関連で解釈が変わる可能性があるが、大きな問題ではない。

3-6 運送人の損害賠償責任

3-6-1 責任の原則規定

改正商法（案）575条は、現行商法577条の後継規定であるが、実質的に現行商法の規律をそのまま維持したものと評価できる。すなわち、運送人は、運送品の受取り・運送・保管および引渡し（改正商法（案）は、時系列的に、運送品の受取りから引渡しまでの順序を整序している）につき注意を怠らなかったことを証明しなければ、運送品の滅失・損傷（それらの原因の発生を含む）または延着によって生じた損害の賠償責任を免れることができない。重要なのは、改正商法（案）が現行商法と同じく、運送人の責任につき、過失責任主義という規律を維持した点にある。改

---

[24] 補足説明第1部第2、4(2)。

正民法415条1項は、契約の債務不履行の場合における免責の可否を契約の趣旨に照らして判断されるべきものとして、帰責事由＝（イコール）過失とは必ずしも評価しえないものに変容した。にもかかわらず、改正商法（案）575条は、運送人の債務不履行につき、従来どおり過失責任主義を維持したのである。現行の規律が、荷送人側からも運送人側からも大きな問題があるとは考えられていないこと[25]が大きく作用したのではなかろうか。

　改正商法（案）575条は、現行商法577条と異なり、履行補助者への言及がない。それでも不都合がないのは、これまた、改正商法（案）が従来の過失責任主義を維持した結果、民事債務の履行一般について、履行補助者の故意過失についても債務者が責任を負うという、従来からの民法の定説を維持しうるからに他ならない。履行補助者への明文の言及がなくとも、従来と同様に解して差し支えないのである。すなわち、運送人は履行補助者の故意過失に責任を負う。

3-6-2 損害賠償の額

　改正商法（案）576条1項は、現行商法580条1項および同2項の後継規定である。従来と同様に、運送人（履行補助者を含む、3-6-1）の損害賠償額の算定について、大量の運送品を低廉な料金をもって取り扱う運送企業の性質に鑑み、運送品の滅失または損傷による損害については、いわゆる通常損害を本位とし（民416 I 参照）、期待利益のごとき特別損害（民416 II 参照）を除外するという方針の下、定額化を試みるという姿勢を維持している。

　改正商法（案）576条1項にいう「その引渡しがされるべき地及び時」とは、運送品の滅失の場合には、運送品の引渡地（現行法上は、到達地）における約定引渡予定日を指すものと解される。改正前から、現行商法580条1項および同2項の「価格」とは一般市場価格の謂であると解されていたが[26]、改正商法（案）576条1項本文は、「運送品の市場価格（取引所の相場がある物品については、その相場）」と明定し、学説の趨勢を容れている。なお、本条本項ただし書は、市場価格がないときの算定

---

(25)　山下・注(2)前掲6頁。
(26)　拙著・注(4)前掲333頁。

基準価格を定めるものであって、引渡地（到達地）のその時点における同種類で同一の品質の物品の正常な価格を指定している。運送品の損傷の場合は、延着がなければ、その引渡しをした日における引渡地（到達地）の価格を基準に、完全無傷であったならば有したであろう運送品の価額と当該損傷状態における運送品の価額との差額になり、損傷に延着をともなえば、約定引渡予定日における引渡地の価格によって算定した完全無傷であったならば有したであろう運送品の価額と、現に引渡しがあった日における引渡地の価格によって算定した損傷状態における運送品の価額との差額になる。上の解釈は、現行商法580条2項のそれを基本的に維持するものである。現行の商法580条2項ただし書は、とくに「但延着ノ場合ニ於テハ前項ノ規定ヲ準用ス」と規定し、損傷に延着をともなう場合を明定していたが、改正商法（案）576条1項の「その引渡しがされるべき地及び時における」という表現は、運送品の損傷の場合に、延着をともなうときを含んでいると読むことができよう。したがって、従来の解釈のままで良い。

　改正商法（案）576条2項は、現行商法580条3項を現代語化した上で、その規律をそのまま承継するものである。

　改正商法（案）576条3項は、現行商法581条の法意をそのまま承継するものである。現行法は、滅失、損傷（毀損）または「延着」と明定しているが、本条本項は、本条1項と同様、損傷中に延着をも含意していると読むこととなる。本条本項は、賠償額法定制度に関する前2項の例外を定めるものであるから、悪意または重過失の挙証責任が債権者側にあること、当然である。

3-6-3　運送品の延着

　現行商法は、運送品に損傷がなく、単に延着した場合の運送人の損害賠償額を定額化する規定を設けていない。結果的に、改正商法（案）もまた、特段の規定を設けることを断念している。

　今次改正に当たり、中間試案の段階では、その第1部第2、5(3)において、運送品の延着の場合における損害賠償の額について、甲案・乙案の2案が示されていた。甲案は、商法に特段の規定を設けないとするものであり、乙案は、延着の場合の損害賠償額を引渡地の約定引渡予定日

における運送品の価額を超えないものとする（賠償額に上限を設ける）旨を提案するものであった。運送品の単なる延着の場合に、滅失の場合より多額の賠償責任を負う余地があるのは均衡を欠くとの配慮によるものである[27]。乙案によれば、運送品の延着により、逸失利益などの相当因果関係の範囲内の損害が多額になる場合でも、運送人は、運送品の価額を超える損害賠償責任を負わないことになる[28]。

　要綱の段階では、延着の場合に規定を設けること、すなわち乙案の採用は見送られている。たとえ乙案を採用したとしても、それは任意規定であり、実務上は、延着の場合の損害賠償の額につき、特約をするのが普通であるから、あえて規定を設けるまでもないと判断されたのであろう。それゆえ、単なる延着の場合は、特約がなければ、民法416条の定める一般原則によることになる。

◆ 3-7 高価品の特則

3-7-1 特則規定

　改正商法（案）577条1項は、現行商法578条の規律を基本的に維持している。「明告」が「通知」に置き換わっているが、これは大きな問題ではない。大きな変更点は、「運送人は、その滅失、損傷又は延着について損害賠償の責任を負わない。」と規定され、「延着」の場合にも本条本項の適用があるとされた点である。現行商法578条の下では、高価品に関する特則は、運送品の滅失または損傷に係るものであって、運送品の延着には適用されないと解された[29]。しかし、改正後にあっては、高価品であることの通知を欠けば、運送人は、延着の場合を含めて、賠償責任を負わないと解する他ない。このような規定ぶりとなったのは、おそらく次に述べるように本条に新たに2項2号を設けたがために、これとの論理整合性を図る必要があったのではないかと推察される。

---

(27)　補足説明第1部第2、5(3)参照。
(28)　同前参照。
(29)　拙著・注(4)前掲337頁。

3-7-2 特則の適用除外

改正商法（案）577条2項は、高価品の特則が適用されない場合を掲げている。

まず、本条本項1号は、運送契約締結の当時、運送品が高価品であることを運送人が知っていたときを挙げている。従来の学説では、見解が別れていた部分である。運送品が高価品であると運送人が知っていたときにも免責を肯定する立場（西原寛一・小町谷操三など）は、運送営業のごとき大量取引において偶然の知不知という運送人の主観的事情を問題とすること自体が不適当であり、免責を肯定することにより、明告を促進する趣旨が貫けると説いた[30]。この場合に免責を否定する立場（大隅健一郎・近藤光男など）は、運送人は普通品としての運送を引き受けているのであるから、それに必要な注意をなすのは当然であると同時に、これを怠った場合における損害額も予知していたものといえるという点を主たる理由にしていた[31]。本条本項1号は、後者の立場を採用し、結論を明確にしたものといえる。運送品が高価品であることを運送人が知っていた場合には、したがって、損害賠償責任額については、改正商法（案）576条によって処理される。もっとも、高価品であることを知った運送人が、専門家として高価品の運送に必要な何らかの措置を講じたならば、それによる相当の報酬を、商法512条に依拠して請求しうること、当然である。

改正商法（案）577条2項2号は、運送人の故意または重大な過失によって高価品の滅失、損傷または延着が生じたときに、高価品の特則が適用されない旨を明定している。ここに「延着」を入れたため、本条1項にも「延着」を入れたのではないかと思われる。ともあれ、2号に係る適用除外に関し、中間試案の段階では、甲案および乙案の2案が提示されていた（第1部第2、5(2)イ）。甲案は、2号と同様のものであるが、乙案は、「運送人の故意又は損害の発生のおそれがあることを認識しながらした無謀な行為によって運送品の滅失等が生じたとき」という表現を提示していた。乙案の考え方は、高価品の特則の適用除外の範囲は限

---

[30] 同前336頁。
[31] 同前336-337頁。

定すべきであるとして、現行国際海上物品運送法13条の2（改正法（案）では同法（案）10条）やモントリオール条約（国際航空運送についてのある規則の統一に関する条約、（英）Convention for the Unification of Certain Rules Relating to International Carriage by Air）22条5項等で使用される概念を利用し、運送人の故意または損害の発生のおそれがあることを認識しながらした無謀な行為によって運送品の滅失等が生じた場合につき、適用除外を認めるという考え方に出たものであった。「無謀な行為」とは、たとえば、大嵐の接近、船舶のまったくの老朽化、資質が不十分であることが明らかな船員の乗組み等の事情を知りながら、あえて船舶を出航させる行為などを挙げることができる[32]。他方、甲案は、損害賠償責任に係る運送人の保護規定は、通常の運送企業活動を保護する趣旨であるから、公平の観点から、運送人を免責するのは適当でないとする考え方であって、現行商法581条とその表現の軌を一にしている。要綱第1部第2、5(2)イは、結局、乙案の採用を見送り、甲案を採用したのである。

　2号の規定が、現行商法581条の趣旨を承継したものであれば、1号該当の場合には、先に述べたように、運送人の損害賠償責任額が改正商法（案）576条によって処理されるのに対し、2号該当の場合には、運送人の損害賠償責任額は、民法416条によって処理されることになろう。すなわち、運送人の悪意重過失と相当因果関係のある一切の特別損害を含めて、運送人は賠償の責めに任ずる。ただし、悪意または重過失の挙証責任は債権者側にある。

◆ 3-8 複合運送人の責任

3-8-1 複合運送の定義

　改正商法（案）578条は、複合運送人の損害賠償責任に係る規定であるが、物品運送についての総則的規律が複合運送に適用があることを前提に、本条1項において、複合運送の定義を明らかにしている。すなわち、複合運送とは、陸上運送、海上運送または航空運送のうち2以上の

---

[32]　以上、補足説明第1部第2、5(2)参照。

運送をひとつの契約で引き受けた場合をいう。したがって、たとえば、2以上の海上運送をひとつの契約で引き受けても、本条本項にいう複合運送ではない[33]。国内・国際いずれでも複合運送が広く普及していることから、複合運送に関する規律を設け、わが国の商法として、複合運送に関する基本的な考え方を示しておくことが望ましいので、本条が新設された[34]。

3-8-2 複合運送人の損害賠償責任

複合運送における複合運送人の損害賠償責任は、改正商法（案）578条1項により、運送品の滅失等（運送品の滅失、損傷または延着）の原因が生じた運送区間に係る法令または条約の規定に従うこととなる。複合運送契約の運送人も、各運送区間につき一般的に適用される法令または条約所定の強行規定の内容と整合的な責任を負うことが相当であると考えられるからである[35]。

本条本項によると、各運送区間のいずれかで運送品の滅失等が生じたことが特定される場合には、複合運送人は、当該運送区間について運送契約が締結されたとすれば適用されることとなるわが国の法令またはわが国が締結した条約の規定に従い、責任を負う。本条本項が「我が国の法令又は我が国が締結した条約の規定」に従うとしているのは、国際的な複合運送を考えると奇異に映るかも知れないが、改正商法（案）の規律は、運送についての準拠法が日本法であることを前提とするものであるから、このような不履行準則を置くことが明確性の観点からは妥当であるという考え方に依っている[36]。

滅失等が生じた運送区間が特定されない場合には、商法の一般則によって処理される。

3-8-3 準用の場合

陸上運送では、自動車、鉄道など異なる運送用具による運送があり、それぞれの運送に関する私法法令があるので[37]、改正商法（案）578条2

---

[33] 山下・注(2)前掲8頁。
[34] 同前参照。
[35] 補足説明第1部第2、10(1)参照。
[36] 以上、山下・注(2)前掲9頁。

項は、陸上運送であってその区間ごとに異なる2以上の法令が適用されるものをひとつの契約で引き受けた場合について、本条1項の規定を準用するものとしている。

◆ 3-9　相次運送人の権利義務

　改正商法（案）579条1項ないし3項は、現行商法589条（563条）および同579条を整序し、明確にしたものである。

　相次運送にあっては、数人の運送人が相次いで運送を行うから、先の運送人が運送賃・立替金などの請求権および当該請求権に係る留置権・先取特権などの権利を有していても、運送品を次の運送人に引き渡した後には、もはや運送品を占有していないため、留置権・先取特権などの権利を自ら行使することをえない。そこで、このような場合には、後の運送人に、前の運送人に代位してその権利を行使する義務があるものとし（本条1項）、加えて、後の運送人が前の運送人に弁済をしたときは、前の運送人の権利を取得するものとした（本条2項）。現行商法にあっては、同589条が、中間運送取扱人の権利に係る同563条を準用しているのに対し、準用を止めて、改正商法（案）579条1項および同2項にこの旨を明らかにした独立の条項として整序している。現行商法589条は、いわゆる狭義の相次運送のみならず、複数の運送人が相次いで運送をなすすべての場合に適用があるものと解されているが[38]、本条1項および2項についても、この解釈は維持されよう。

　改正商法（案）579条3項は、現行商法579条の「数人相次テ運送ヲ為ス場合」という表現を「ある運送人が引き受けた陸上運送についてその荷送人のために他の運送人が相次いで当該陸上運送の一部を引き受けたとき」という表現に改めて、この規定を承継しているものと観察しうる。改正商法（案）579条3項のこの表現は、いわゆる狭義の相次運送（連帯運送）の場合であることを明確に示した文言であると評価できる。現行商法579条が、狭義の相次運送に限って適用されるものであるという点には異論を見ない[39]。改正法（案）は、この点を明確にする意図が

---

(37)　同前8頁。
(38)　拙著・注(4)前掲348頁。

あったものと思われる。

　結局、改正商法（案）579条1項および同2項は、陸上の部分運送・下請運送・同一運送・連帯運送のすべての類型に適用があり、同3項は、連帯運送のみに適用があることとなる。

　現行商法766条は、同579条を準用しているから、狭義の陸上相次運送における各運送人の運送品の減失等についての連帯損害賠償責任の規律は、海上相次運送にも適用される。しかし、海上相次運送には、現行商法563条は準用されていない。そこで、改正商法（案）579条4項は、同1項ないし3項の規定を海上運送および航空運送に準用すると規定した。海上運送および航空運送において、改正商法（案）579条1項ないし3項の規律の適用がある事案は少ないであろうが、特定の運送手段に関して他の運送人が相次いで運送の引受けをした場合に、当該運送手段の規律に従いつつ各運送人の責任を連帯責任とすることには一定の合理性が認められること、これらの規律は任意規定であり、当事者間では別段の定めをすることが許容されること等を踏まえ[40]、陸上運送に関するこれらの規律を海上運送および航空運送の相次運送にも準用することにしたのである。

◆ 3-10　荷送人による運送の中止等の請求

　改正商法（案）580条は、いわゆる荷送人の運送品処分権に係る規定である。基本的に現行商法582条1項を現代語化してその規律を承継するものであるが、貨物引換証制度の廃止（3-18-1）により、処分権者から「貨物引換証ノ所持人」が削除された。もっとも、総則的規律として本条を設けるなら、貨物引換証の所持人に代えて、「運送債権を表章した有価証券の所持人」を残してもよかったようにも思われる（3-18-2参照）。次いで、本条に例示された具体的な処分権の内容であるが、改正商法（案）は、荷送人がすることのできる処分の指図中に「荷受人の変更」を加えている。荷送人の処分権は、荷送人が運送契約に基づいて運送人に対して有する権利であって、運送人は、その指図が荷送人と

---

(39)　同前347頁。
(40)　補足説明第1部第2、5(4)イ参照。

荷受人との間の法律関係につきいかなる意味があるかを顧慮することなく、常にこれに従わなければならない。運送契約上の法律関係と、荷送人・荷受人間の取引上の法律関係とは、別個のものであるから、これは当然のことである[41]。この理を示すものである。

　改正商法（案）580条後段の、運送人の割合運送賃請求権および費用償還請求権に大きな変更点はない。「付随の費用」という文言を加えたにとどまる。割合運送賃の請求に係る法政策については、かねてより批判があった。すなわち、荷送人の都合により任意に行使された処分権に従ったにもかかわらず、単に割合運送賃の弁済の請求にとどめ、運送人に損害を負担させることは適当ではなく、運送が荷送人の責めに帰すべき事由によって終了した場合には運送賃の全額を支払うべきものとする現行商法576条2項（改正商法（案）では、同（案）573条3項）と調和しない[42]というものである。改正商法（案）は、この割合運送賃政策にメスを入れることなく、現行の規律を維持している。

◆ 3-11　荷受人の権利義務等

　改正商法（案）581条は、現行商法582条2項および同583条の後継規定である。

　改正商法（案）581条1項および同2項について観察してみよう。中間試案の段階では、その第1部第2、6において、甲案および乙案の2案が提示されていた。甲案は、荷受人の権利義務につき、現行法の規律を維持するというものであった。他方、乙案は、「(1) 荷受人は、運送品が到達地に到達し、又は運送品の全部が滅失したときは、運送契約によって生じた荷送人の権利と同一の権利を取得する。(2) (1)の場合において、運送品が到達地に到達した後に荷受人がその引渡し若しくは損害賠償の請求をし、又は運送品の全部が滅失した後に荷受人がその損害賠償の請求をしたときは、荷送人は、その権利を行使することができない。」との規律を掲げていた。要綱第1部第2、6においては、乙案が採用されている。結果、改正商法（案）581条1項および同2項の表現

---

[41]　拙著・注(4)前掲331頁。
[42]　同前参照。

に落ち着いたものである。

　乙案は、現行商法583条1項の規律に加え、運送品の全部滅失の場合にも、運送契約によって生じた荷送人の権利と同一の権利を荷受人に取得させ、荷送人と荷受人の各権利の優先関係については、荷受人が損害賠償請求したときは、荷受人の権利を優先させて、荷送人は権利行使できないとするものである。現行法下では、到達地への到達前における運送品の全部滅失のときは、荷受人には何の権利も与えられないため、荷受人は、荷送人が運送人に対して有する債務不履行に基づく損害賠償請求権の譲渡を受けて、運送人に対する責任追及をなすより他ない。一般に、国際売買契約では、運送品の船積時などにその滅失の危険が買主に移転するとの契約条件（国際商業会議所（International Chamber of Commerce；ICC）の策定に係るインコタームズ（Incoterms）のC類型など）が付される場合も多いところ、このような場合には、売主である荷送人は、運送中の運送品の滅失について運送人の責任を追及する動機づけに乏しい。それゆえ、荷受人が荷送人から運送契約上の損害賠償請求権の譲渡を受けるにも実務上の困難が多く、かかる荷受人の負担を軽減する見地から、乙案の支持意見があったとされている[43]。他方、国内陸上運送では、運送品の到達まで荷送人がその滅失の危険を負担する例が多い。確かに、上のような国際取引（貿易取引）には、改正商法（案）581条1項および同2項の規律は適合的であるが、危険負担が買主への引渡しにより移転することの多い国内取引に関しては、荷送人が運送人に対して損害賠償請求することが合理的であるので、荷受人が損害賠償請求をする場合には何らかの調整が必要となる[44]。国内取引においては、荷受人が運送人に請求してくれば、多くの場合、運送人は、確認のため荷送人に連絡するのが通常であろうから、そこから、荷受人と荷送人との折衝が開始されよう。荷送人の損害賠償請求権は、荷受人が損害賠償の請求をしたときであっても、決して消滅するわけではなく、ただ権利行使ができない状態で凍結されているだけであるから、折衝により、荷受人の請求が撤回されれば、荷送人の権利行使が可能になる。また、事案に

---

[43]　補足説明第1部第2、6(2)参照。
[44]　山下・注(2)前掲9頁。

よっては、荷受人の損害賠償請求に対し、運送人が権利濫用の抗弁を対抗しうる場合もあると考えられる。

現行商法582条 2 項は、削除された。運送品が到達地に到達した後、荷送人の指図のないうちに、荷受人が運送品の引渡しを請求したときは、荷受人の権利が荷送人の権利に優先するにすぎず、荷送人の運送品処分権が消滅するわけではない。両者の権利の優劣の問題になるため、このケースは改正商法（案）581条 2 項に集約されたのであると観てよい。

改正商法（案）581条 3 項は、現行商法583条 2 項の規律を承継するものである。

なお、「到達地」という単語について付言しておきたい。先に述べたように（3-6-2）、改正商法（案）576条 1 項は、その先行規定たる現行商法580条 1 項および同 2 項の「到達地」を「引渡しがされるべき地」に変更している。ところが、改正商法（案）581条 1 項は、そのまま「到達地」という単語を保存している。これらの使い別けは、いかなる理由によるものであろうか。「引渡地」と「到達地」の相違は、必ずしも判然としない。

◆ 3-12 運送品の供託および競売

現行商法は、陸上運送（現行法上の陸上運送）に関し、その585条（587条）において、「荷受人ヲ確知スルコト能ハサルトキ」に、運送人に対し、運送品の供託および競売権を認め、その手続を定めている。加えて、同586条（587条）において、「運送品ノ引渡ニ関シテ争アル場合」にも、運送人に対し、運送品の供託および競売権を認め、その手続を定めている。

他方、海上運送に関しては、現行商法754条 1 項が、「荷受人カ運送品ヲ受取ルコトヲ怠リタルトキ」に、海上運送人（船長）に対し、運送品の供託権を認め（競売権は同757条 1 項 2 項に定めがある）、同条 2 項が「荷受人ヲ確知スルコト能ハサルトキ又ハ荷受人カ運送品ヲ受取ルコトヲ拒ミタルトキ」に、海上運送人に対し、運送品の供託義務を課している。

陸上運送と海上運送の場合における運送品の供託および競売に係る規

律は、上に示したように必ずしも整合性を有しない。それゆえ、改正商法（案）582条および同（案）583条は、これらの規律を整理再編し、物品運送に係る運送品の供託および競売に関する総則的規律を置くこととした。

改正商法（案）582条1項および同（案）583条前段によれば、運送人は、①「荷受人を確知することができないとき」、および、②「荷受人が運送品の受取を拒み、又はこれを受け取ることができない場合」に、運送品の供託権を与えられる。順序は逆であるが、①の事由は民法494条2項に対応し、②の事由は同条1項に対応する。従来の陸上運送に係る現行商法586条1項にいう「運送品ノ引渡ニ関シテ争アル場合」とは、数量不足・品質相違などによる受領拒絶がその例として挙げられており、また荷受人が無条件に受領を拒んだときは、現行商法585条に依拠して解決すべきものとされていた[45]。今後は、陸上運送・海上運送・航空運送を問わず、かかる場合は、改正商法（案）583条に依拠して解決すべきこととなろう。

たとえ荷受人があらかじめ運送品の受取りを拒んでいる場合であっても、債権者の受領拒絶を理由とする供託に係る民法494条1項1号（弁済の提供が供託の前提要件であるとするもの）の法政策は、用いられることなく、もっぱら改正商法（案）583条によって処理されることになる。すなわち、かかる場合に、弁済の提供という手続が介在する余地はない。

改正商法（案）582条2項および同（案）583条後段によれば、供託に次いで、運送人は、①荷受人を確知することができない場合にあっては、荷送人に対し、相当の期間を定めて運送品の処分につき指図を求める催告をしたにもかかわらず、その指図がないときに、②荷受人が運送品の受取りを拒み、またはこれを受け取ることができない場合にあっては、まず荷受人に対し、相当の期間を定めて運送品の受取りを催告し、さらにその期間経過後に（つまり、荷受人は運送品を受領しないままである）、荷送人に対し相当の期間を定めて運送品の処分につき指図を求める催告をしたにもかかわらず、いずれも徒労に帰したときに、運送品を競売す

---

[45]　拙著・注(4)前掲328頁。

ることができる。ただし、改正商法（案）582条3項および同（案）583条前段により、損傷その他の事由による価格の低落のおそれがある運送品は、上の催告手続を経ることなく、運送人においてこれを競売することができる。運送品を競売に付したときは、改正商法（案）582条4項および同（案）583条前段により、競売代金を供託することを要するが、その全部または一部を運送賃、付随の費用および立替金に充当しても差し支えない。改正商法（案）582条5項および同（案）583条後段により、供託または競売をしたときは、運送人は、荷受人不確知の場合には荷送人に、その他の場合には荷送人および荷受人に、遅滞なくその旨の通知を発しなければならない。

上の手続は、基本的に現行商法585条ないし同587条に定められた手続をなぞるものである。

◆ 3-13 運送人の責任の消滅(1)

改正商法（案）584条1項本文は、実質的に現行商法588条1項本文の後継規定である。現行商法では、荷受人が留保をしないで運送品を受け取り、かつ運送賃その他の費用を支払ったときには、運送人の責任は、原則として、消滅するものとされていた。ここに「留保」とは、運送人に運送品の一部滅失または損傷があることおよびその概要を知らせることであると解されていた[46]。したがって、現行商法588条1項本文の規定は、元来が運送品の損傷または一部滅失についての運送人の責任の消滅に係る規定だったわけであるが（現行法は、ただし書まで読まないと、必ずしも本文だけでは明らかでない表現になっている）、改正商法（案）584条1項本文は、その冒頭においてこの旨を明らかにするとともに、「留保ヲ為サスシテ」を「異議をとどめないで」という表現に改めた。さらに、本条本項本文は、責任消滅の要件から、運送賃その他の費用の支払いという要件を削除している。これは、実務上、運送賃が掛けの後払いとされることが多く、これらの支払いを運送人の責任消滅のための要件とする合理性がないからである[47]。

---

[46] 拙著・注(4)前掲339頁。
[47] 補足説明第1部第2、8(1)ア参照。

改正商法（案）584条1項ただし書は、現行商法588条1項ただし書の法政策をそのまま承継している。

　結局、改正商法（案）584条1項の下では、荷受人が異議をとどめないで運送品を受け取ったという事実があれば、原則として、運送人の免責を生じることになる。したがって、荷受人は、運送品を受け取る際には、運送品を検査し、損傷または一部滅失があれば、異議をとどめておく必要があり、これを怠れば、損害賠償請求をすることができないことになる。この構造は、商人間売買における買主の検査通知義務（商526）に類似するが、荷受人は商人であることを要しないから、運送人は、商人間売買における売主よりもその保護が強化され、他方、わけても非商人たる荷受人は、民事売買における目的物の種類または品質に関する契約不適合（瑕疵）を理由とする買主の権利行使に係る民法566条本文の規律と比較しても、きわめて危険な地位を強いられることになる。

　改正商法（案）584条2項は、現行商法588条2項の後継規定である。現行商法同条同項は、運送人に悪意があったときは、同条1項の運送人の責任が消滅しないものとしている。ここでいう「悪意」の意義について、かつての多数説は、運送人が、損傷または一部滅失を知って引渡しをしたという意味ではなく、故意に滅失・損傷を生ぜしめ、またとくに滅失・損傷を隠蔽する意味であると説いていた[48]。しかし、この運送人の責任の特別消滅という制度は、運送人が証拠を保全することが困難であることから、これを救済することに主眼がある。ゆえに、運送人が損傷または一部滅失を知っておれば、荷受人から損害賠償請求がなされることを予想すべきであり、証拠保全の措置を当然に講じておくべきものである。かつての多数説は退けられるべきである。やや古いものであるが、判例（最判昭和41年(1966年)12月20日民集20巻10号2106頁）も、現行商法566条3項および同588条2項にいう「悪意アリタル場合」とは、運送取扱人または運送人が運送人に毀損（損傷）または一部滅失のあることを知ってこれを荷受人に引き渡した場合をいうと判示している。改正商法（案）584条2項は、この判例の解釈を容れて立法されている。加

---

[48]　拙著・注(4)前掲340頁。

えて、「運送品の引渡しの当時」という文言を入れて、運送人の主観の判定時期を明確にしている。

改正商法（案）584条3項は、新設規定である。主として元請運送人が下請運送人の責任を追及する場合の本条1項の適用の不都合を回避すべく置かれたものである。中間試案補足説明に以下の例が掲げられている。たとえば、元請運送人甲がA地からC地までの運送を引き受け、A地からB地までは下請運送人乙に運送（所要30日間）を委託し、B地からC地までは下請運送人丙に運送（所要10日間）を委託したという事例において、C地における荷受人への引渡後2週間が経過する直前に、甲が荷受人から損傷の通知を受けた場合を考えると、甲としては、運送品に損傷を生じさせた乙に対して、本条1項ただし書（現商588Iただし書）の通知をしようとしても、B地における引渡時を起算点とする通知期間が満了しており、乙の責任は消滅していることになる[49]。かかる場合には、甲が乙に通知をするために必要な期間を確保し、甲による乙に対する求償を可能にするために、本条1項ただし書の除斥期間の延長を図ったものである。本条3項の文言は、現行国際海上物品運送法14条3項を参考にしている[50]（なお、国際海上物品運送法14条の改正については、3-14-4の最後に言及している）。

◆ 3-14 運送人の責任の消滅(2)──短期出訴期間

3-14-1 序 論

現行商法589条は、同566条の準用により、運送品の滅失、損傷または延着によって生じた損害に係る運送人の責任は、運送人が悪意である場合を除き、全部滅失以外の場合にあっては、荷受人が運送品を受け取った日から、全部滅失の場合にあっては、引渡しがなされるべきであった日から、1年の経過により、消滅時効が完成するものとしている。ここに「悪意」とは、運送人が故意に運送品の滅失、損傷または延着を生ぜしめ、または運送品の滅失等をとくに隠蔽することを意味する[51]。運送

---

[49] 補足説明第1部第2、8(1)イ参照。
[50] 同前参照。
[51] 拙著・注(4)前掲341頁。

人悪意の場合の消滅時効は、民法166条1項に服する。

　他方、現行国際海上物品運送法14条においては、同条1項により、運送品に関する運送人の責任は、運送品が引き渡された日（全部滅失の場合には、引き渡されるべき日）から1年以内に裁判上の請求がされないときは消滅するが、同条2項により、この期間は、損害発生後に限り、合意による延長を認められ、同条3項により、主として下請運送人に対する求償を可能にすべく、運送人が同条1項の期間内に損害を賠償しまたは裁判上の請求を受けた場合においては、求償権に係る1年の期間が満了した後であっても、下請運送人の責任は、運送人が損害を賠償しまたは裁判上の請求を受けた日から3ヵ月を経過するまでは、なお消滅しないものとされている。

　改正商法（案）585条は、現行商法589条の短期消滅時効制度に代えて、上述の現行国際海上物品運送法の上の責任消滅制度に係る規整を基本に据えようとするものである。不特定多数の貨物を反復継続的に運送する運送人のリスクの予見可能性を高めるべきであること、運送品の引渡後1年が経過してから運送人の主観的態様が争われることは適当でないこと、荷主が賠償請求に要する準備期間は、運送人の主観的態様によって異ならないこと等を理由とするものである。

3-14-2　1年の出訴期間

　改正商法（案）585条1項は、「運送品の滅失等についての運送人の責任は、運送品の引渡しがされた日（運送品の全部滅失の場合にあっては、その引渡しがされるべき日）から1年以内に裁判上の請求がされないときは、消滅する。」と規定している。この規定の基になった現行国際海上物品運送法14条1項の規定は、いわゆる船荷証券統一条約（船荷証券に関するある規則の統一のための国際条約、（仏）Convention internationale pour l'unification de certaines règles en matièrie de connaissement）の規定（3条6項4文）に従ったものであるが、条約の定める1年の期間は除斥期間を定めたものか、消滅時効の期間を定めたものか必ずしも明らかでなく、また、条約を採り入れた各国の法律においてもこの点の規定方法は一致していない。現行国際海上物品運送法の規定は、立法の経緯や、「時効により」との文言がない規定形式から、除斥期間を定めたものと

解されており、この点にほぼ異論はないといわれている[52]。しかし、除斥期間と解すべき決定的な根拠があるまでとはいえないように思うとの指摘もある[53]。現に、平成4年(1992年)改正前国際海上物品運送法14条は、その本文は現行同法14条1項と同様ながら、「ただし、運送人に悪意があったときは、この限りでない。」との特則を付し、現行商法589条（同566条）と似た法構造を有していた。この規定の下で、運送人悪意のときは、運送人の責任は、引渡しの日から5年の時効によって消滅するとされていたものを、同年の改正により、悪意の場合の運送人の責任も、同様に1年の出訴期間を過ぎれば消滅するとされたのである[54]。このただし書は、わが国独自の立法であったが、改正前の法構造よりして、同年改正前14条本文のみを除斥期間とすべき合理性はなかったようにも思われる。改正商法（案）585条1項の出訴期間もまた、除斥期間とすべきか消滅時効期間とすべきか、検討を要するであろう。

　運送人が荷受人を確知できないとき、または、荷受人が運送品の受取りを拒み、もしくはこれを受け取ることができないときは、運送人は、運送品を供託することをうるが（改商（案）582、583）、この場合には、上の出訴期間は、その供託の日から進行する[55]。

　本条本項にいう「裁判上の請求」とは、民法147条1項1号にいうそれと異なり、支払督促の申立て（民訴382以下）、仲裁人選任の通知・催告（仲裁17）、民事調停の申立て（民調4の2）、船主責任制限手続への参加（船主責任制限47Ⅰ）などを含む広い概念である[56]。

3-14-3　出訴期間の延長

　改正商法（案）585条2項は、本条1項の定める出訴期間の合意による延長を認めるものである。1年の期間の性質如何に係わらず、当事者の合意があってもこれを延長できない不変期間と解するのは妥当でなく、また実際上も、運送品の損害の発生原因について調査し、証拠を収集し、

---

[52]　中村眞澄・箱井崇史『海商法（第2版）』（成文堂・2013年）279頁。
[53]　同前。
[54]　村田治美『体系海商法（2訂版）』（成山堂書店・2007年）215-216頁参照。
[55]　中村・箱井・注[52]前掲279-280頁参照。
[56]　同前280頁参照。

折衝を重ねるためには、1年の期間は必ずしも十分でないからである[57]。

合意延長は、「運送品の滅失等による損害が発した後に限」られている。したがって、たとえば、運送契約の締結に際し、予め特約によって1年の出訴期間を延長しておくこと等は許されない[58]。もっとも、損害の発生を停止条件とする特約は考えられるかも知れない。延長する期間の長さについて制約はない。

3-14-4 下請運送人への求償出訴期間

運送人がその引き受けた運送を下請運送に付した場合には、改正商法（案）585条1項の出訴期間は、①運送債権者に対する元請運送人の責任に係るものと、②元請運送人に対する下請運送人の責任に係るものとがあることとなる。この場合、元請運送人が下請運送人に対して責任を追及しようとする時点が、運送品の引渡しの日または引き渡されるべきであった日から1年を経過しておれば、下請運送人の責任は消滅していることになってしまう。

そこで、改正商法（案）585条3項は、元請運送人がさらに第三者（下請運送人）に対して運送を委託した場合における運送品に関する第三者の責任は、元請運送人が本条1項の期間内に損害を賠償し、または裁判上の請求を受けたときには、当該1年の期間の満了後（本条2項の特約による②の期間の延長があるときは、その延長期間の満了後）であっても、元請運送人が損害を賠償し、または裁判上の請求をされた日から3ヵ月を経過する日までは、延長されたものとみなすとしている。下請運送人に対して求償権を有する元請運送人の保護規定であることは、明らかである。

かかる下請運送人の責任の3ヵ月延長は、元請運送人が自らの責任に係る1年の出訴期間内に損害を賠償し、または裁判上の請求を受けた場合に限って認められるものである。たとえ①の期間につき本条2項に基づく合意延長があろうとも、1年を経過して特約による①の延長期間に入った後に、その延長期間内に、元請運送人が損害を賠償し、または裁判上の請求を受けたとしても、もはや下請運送人の責任の3ヵ月延長は

---

[57] 同前281頁。
[58] 村田・注[54]前掲216頁。

認められない。元請運送人らがした、①の期間延長の特約によって下請運送人がその責任期間の延長を強いられる理由はないからである[59]。

最後に、本条の基となった現行国際海上物品運送法14条の改正に言及しておくと、改正国際海上物品運送法（案）においては、同条は削られた上、新たに同法（案）15条により、改正商法（案）の物品運送の規定（第2編第8章第2節）を適用するよう改められる。

◆ 3-15 運送人の債権の消滅時効

改正商法（案）586条は、運送人の有する運送賃請求権、費用償還請求権および荷送人が運送品引渡義務や送り状交付義務に違反した場合の損害賠償請求権等の、1年の短期消滅時効を定めるものである。

現行商法589条は、同567条を準用しているが、準用を止めて、独立の条文としたものと観察しうる。

◆ 3-16 運送人の不法行為責任

改正商法（案）587条は、損害賠償額の定額化の規定（改商（案）576）、高価品特則の規定（改商（案）577）および運送人の損害賠償責任消滅の規定（改商（案）584、585）を、運送品の滅失等についての運送人の荷送人または荷受人に対する不法行為による損害賠償の責任について準用するものとし、例外として、荷受人があらかじめ荷送人の委託による運送を拒んでいたにもかかわらず、荷送人から運送を引き受けた運送人の荷受人に対する責任については、上の諸規定の準用を排除している。

運送品の滅失等を運送人が生ぜしめてしまったときは、とくに滅失または損傷を生ぜしめてしまったときが典型であるが、これは運送品の所有権侵害に当たるから、運送契約上の債務不履行責任の発生とともに、不法行為責任（民709）発生の要件をも備えるのが通常である。

ある行為が債務不履行責任を生じると同時に不法行為責任をも発生させるという場合に、両者の関係がどうなるかに関し、主として民法研究者の間で考究されてきたが、周知のように、請求権競合説と法条競合説

---

[59] 同前。

とが対立してきた。民法研究者の間では、目下、請求権競合説が多数説である[60]。

他方、商法研究者の趨勢は、運送人の責任に関しての話であるが、法条競合説に傾いていた。なぜかといえば、とくに商法が運送企業の維持発展と荷主側の保護とを勘案して損害賠償を迅速かつ確実に処理するための調整規定を置いているのに、請求権競合を認めると商法の趣旨が没却されるとの判断が大きく作用してきたと観察してよい[61]。

現在の条約や外国立法では、運送品の滅失等に関する運送人の契約に基づく損害賠償責任を減免する規律は、荷主が不法行為により損害賠償責任を追及する場合にも妥当するとする規律を設けるのが通例となっている（なお、現行国際海運20の2Ⅰ・Ⅱ参照）。運送人の契約責任を減免する規律を設けるのは、運送人の責任が重ければ、それが運送賃に跳ね返り、荷主にとっても利益に反することになるのを防止するためであり、そうであれば、そのような規律が不法行為を根拠にする責任追及によって回避されることは阻止する必要がある[62]。改正商法（案）587条は、上のような考え方を容れて立法されたものと評価できる。

してみれば、改正商法（案）587条は、基本的に請求権競合説に立脚しつつ、債権者による運送人に対する不法行為責任の追及は是認するが、その追及に際しても、損害賠償額の定額化、高価品特則および運送人の賠償責任消滅に係る商法の規律（改商（案）576、577、584、585）が準用され、これに服するという形式をもって立法されていることになる。先に観たように（3-7-1）、高価品特則は、運送人に悪意または重過失がある場合には適用されない（改商（案）577Ⅱ②）。高価品について滅失等の事故が発生する場合には運送人の重過失が認められることも少なくないであろうということから、現状からの変動を小さくできるという配慮に基づく[63]。賠償額の定額化も、運送人の故意または重過失の場合には適用されないので（改商（案）576Ⅲ）、やはり問題ない[64]。

---

[60] 拙著・注(4)前掲337頁。
[61] 同前338-339頁参照。
[62] 山下・注(2)前掲8頁。
[63] 同前。

改正商法（案）587条は、運送人の荷受人に対する不法行為責任にも、原則として、上の規律を及ぼすこととしている。判例（最判平成10年（1998年）4月30日集民188号385頁）が、荷受人が運送人に対して宅配便約款における責任の限度額を超える額の不法行為責任を追及した事案について、「荷受人も、少なくとも宅配便によって荷物が運送されることを容認していたなどの事情が存するときは、信義則上、責任限度額を超えて運送人に対して損害の賠償を求めることは許されない」と判示しており、これを踏まえたものである[65]。また、荷受人は、運送品を受け取ったときは、運送賃、共同海損分担金、海難救助費用等を支払う義務を負う（改商（案）581Ⅲ、741Ⅰ）ところ、運送品を受け取るなど、運送契約による運送を容認した場合には、運送品に関する一定の不利益を負担することもやむをえないといえるためである[66]。したがって、本条ただし書は、荷受人が当該運送契約による運送を容認していない場合には、上の規律を及ぼすことが不適当であるとして、例外の生じる余地を認めたものである。

◆ 3-17 運送人の被用者の不法行為責任

　改正商法（案）588条1項は、同（案）587条の規定により運送品の滅失等についての運送人の損害賠償の責任が減免される場合には、その責任が減免される限度において、当該運送品の滅失等についての運送人の被用者の荷送人または荷受人に対する不法行為による損害賠償の責任も減免される旨を規定している。運送人の責任を超えてその被用者が責任を負うことは相当でないこと、被用者に重い責任を課すと、事実上その最終的な負担が運送人に転嫁され、運送人に責任の減免を認めた立法趣旨が損なわれること等を理由として、運送人の被用者の不法行為責任についても、運送人の契約責任を減免する旨の改正商法（案）の規律（改商（案）576、577、584、585）を及ぼすものである[67]。

---

[64]　同前参照。
[65]　補足説明第1部第2、9(1)イ参照。
[66]　同前参照。
[67]　同前第1部第2、9(2)参照。

改正商法（案）588条2項は、運送人の被用者の故意または重大な過失によって運送品の滅失等が生じたときは、減免規律が適用されないことを明らかにするものである。

◆ 3-18 貨物引換証

3-18-1 規定の削除

　現行商法は、その571条ないし575条および584条に貨物引換証に関する規定を置いているが、改正商法（案）においては、貨物引換証に関する規定はすべて削除される。陸上運送がきわめて高速化し、かつ国土の狭いわが国にあっては、もはやその需要が極端に低下したからであろう。

3-18-2 民法の規定に基づく運送債権有価証券の利用

　貨物引換証制度は廃止されたが、民法の有価証券規定（民520の2〜520の20）に依拠して、陸上運送において、貨物引換証類似の有価証券を作成する余地は認められよう。民法の下では、その許容される範囲において、私的自治の原則に従って、自由に有価証券を創造することができると解されるからである[68]。陸上運送においても、必ずしも高速運送に馴染まない場合があり（自動車による鉄道車輌運送など）、運送債権を表章する有価証券を利用した質入れの需要も生じないとはいえない。

　陸上運送債権を表章した有価証券は、たとえ荷送人の交付請求があろうとも、運送人はこれを交付する義務を負わない（現商571Ⅰ対照）。あくまでも、運送人と荷送人との間の、任意の交付契約に従って作成交付される。

　この有価証券の方式は自由である（現商571Ⅱ対照）。ただし、運送品の個性および運送契約の内容を特定するに足る記載は必要であろう。

　この有価証券は要因証券たること、当然である。よって、運送契約が証券上の権利に直接の影響を与える。特別の規定（現商572対照）がない限り、文言証券性を認めることをえない。

　この有価証券は、必ずしも指図証券である必要はない（現商574対照）。指図証券（民520の2以下）、記名式所持人払証券（民520の13以下）、その他

---

[68]　拙著『商法学通論・補巻Ⅰ』（信山社・2016年）168—169頁。

記名証券（民520の19）または無記名証券（民520の20）のいずれであれ、当事者の創意工夫が認められる。

　この有価証券に、物権的効力（現商575対照）ひいては処分証券性（現商573）が認められるか。この点も、結局は、証券の作成に係る当事者の私的自治に委ねられる問題となる。多くの場合、当事者意思は、この効力を肯定するであろう（かかる有価証券を作成するからには、この効力を認めることが便宜だからである）。この効力を認めるにつき、いずれかの規定（たとえば、改商（案）607）の類推適用は問題にならないと解する。

　このような有価証券が作成されたなら、その証券は、当然に受戻証券性を有する（現商584対照）。

●4● 旅客運送契約の規律

◆4-1　旅客運送契約の意義および成立

　現行商法は、物品運送契約と同様に、旅客運送契約の基本的な定義や成立要件を定める規定を欠いている。それゆえ、改正商法（案）589条は、物品運送契約と同じく（改商（案）570）、これに関する規定を設けた。やはり運送の地域如何を問わない。

　「旅客」は自然人たること当然であるから、運送人によるその保管という問題は、生じる余地がない。契約の当事者は、運送人と本条にいう「相手方」である。旅客自身が相手方であることが多いが、相手方は、運送される旅客以外の第三者たることもある。

　旅客運送契約も諾成・不要式の契約であり、請負契約の1種であることが本条から読み取れる。

◆4-2　運送人の責任

　改正商法（案）590条は、現行商法590条1項の規律の内容を基本的に維持している。すなわち、推定過失責任主義が維持されている。したがって、本条の「運送人」には、現行法で明定されている「其使用人」つまり履行補助者を含むものと解すべきであろう。

　「旅客が運送のために受けた損害」や「運送に関」する注意について

は、従来の解釈⁽⁶⁹⁾を維持してよい。よって、旅客運送人の過失の有無もまた、その職業的立場から当然守るべき善良な管理者の注意義務を基準とし、各場合につき判断するより他ないことになる。

現行商法590条2項は、「損害賠償ノ額ヲ定ムルニ付テハ裁判所ハ被害者及ヒ其家族ノ情況ヲ斟酌スルコトヲ要ス」と定め（現行商法786条1項により海上運送に準用）、個別化方針を採るとともに、当事者の特別損害に対する予見可能性の有無も問わないものとしている。しかし、現在の裁判実務においては、旅客運送契約に基づく損害賠償請求に限らず、一般に、治療費等の実費、休業損害等の逸失利益、慰謝料等の損害賠償額の算定にあたり、被害者およびその家族の情況が斟酌されており、現行商法590条2項を削除しても、旅客運送契約に基づく損害賠償額の算定の実務に影響を及ぼすものとはいい難い。また、同条同項の規律を存置しても、その適用結果は裁判所に一任され、旅客の予見可能性が高まるともいい難い⁽⁷⁰⁾。それゆえ、同条同項は削除されることになった。旅客運送契約に基づく損害賠償額については、したがって、民法416条および同417条の2に従う。

◆ 4-3 特約の禁止

現行商法によれば、海上運送人は、旅客に対して、発航の当時、船舶が安全に航海をなしうることを担保しなければならず（現商786Ⅰ→738）、また、特約をもってしても、海上運送人の過失またはその履行補助者の悪意重過失により生じた損害の賠償責任を免れることができない（現商786Ⅰ→739）。いわゆる堪航能力担保義務である。他方、陸上運送については、上のような免責特約を厳格に制限するような制度は置かれていない。

改正商法（案）591条1項は、現行商法786条1項、同739条の趣旨を陸上運送、海上運送および航空運送に及ぼそうというものである。すなわち、旅客の生命または身体の侵害による運送人の損害賠償の責任（遅延を主たる原因とするものを除く）を免除し、または軽減する特約は無効

⁽⁶⁹⁾　拙著・注⑷前掲351頁参照。
⁽⁷⁰⁾　補足説明第1部第3、3⑵参照。

となる。本条本項によれば、改正商法（案）590条に反して、損害賠償を請求する旅客の立証責任を加重したり、旅客に賠償すべき損害の上限額を定めるがごとき特約は、無効となる[71]。本条本項が設けられたことにより、改正商法（案）590条の規定は、片面的強行規定という位置づけになる。損害賠償責任を減免する約定は、消費者契約に該当する限りでは、消費者契約法（平成12年（2000年）法律第61号）8条または同10条により無効となる可能性があるが、契約当事者が事業者である個人の場合や、契約当事者は事業者であるが実際に旅客になるのは従業員などの個人である場合に消費者契約法を適用することはできないので、当事者の属性を問わず、一律に無効とする、すなわち改正商法（案）590条を片面的強行規定という位置づけにしたのである[72]。本条本項かっこ書によれば、旅客の生命または身体の侵害による損害が、運送の遅延を主たる原因とするものである場合は、本条本項の適用除外となるが、これは、運送の遅延により旅客の体調が悪化する場合を除外する趣旨である[73]。

　改正商法（案）591条2項は、本条1項の適用除外の場合を整序している。適用除外となるのは、①大規模な火災、震災その他の災害が発生し、または発生するおそれがある場合において運送を行うとき、および、②運送にともない通常生ずる振動その他の事情により生命または身体に重大な危険がおよぶおそれがある者の運送を行うとき、である。これらのいわゆる救急運送は、運送の危険がきわめて大きい。これらの場合に、一般原則に従った責任を負わなければならないとすれば、運送人は、運送の引受けを躊躇するであろう。運送事業の監督法令上も、運送の引受義務までは法定されていないので、運送事業者が万一の事故の場合に責任を追及されることをおそれて運送の引受けを拒絶することになりかねないことを考慮したものである[74]。

---

[71]　同前第1部第3、3(1)イ参照。
[72]　山下・注(2)前掲9-10頁参照。
[73]　同前10頁。
[74]　同前参照。

4-4 託送手荷物に対する責任

　改正商法（案）592条1項は、運送人が旅客から引渡しを受けてその保管下で運送する手荷物については、とくに運送賃を請求しないときでも、運送人は、物品運送人と同一の責任を負う旨を規定するものであって、現行商法591条1項、同786条1項と同じである。

　託送手荷物にも危険物に関する通知義務規整が及ぶ（改商（案）572）。損害賠償責任も物品運送契約の規定（改商（案）575）によって規整され、損害賠償額の定額化の規定（改商（案）576）の適用、同じく高価品特則の規定（改商（案）577）の適用を受ける。

　改正商法（案）592条2項は、新設規定であるが、旅客運送人の被用者の託送手荷物に対する責任につき、物品運送人の被用者と同一の責任を負う旨を規定したものである。改正商法（案）575条が、現行商法577条と異なり、履行補助者への言及がないことはすでに述べたが（3-6-1）、本条本項は、とくに履行補助者の責任を明らかにしている。

　改正商法（案）592条3項ないし6項は、現行商法591条2項の内容をそのまま引き継ぐものである。現行商法591条2項本文が、託送手荷物が到達地に到着した日から1週間以内に旅客によるその引渡請求がないときは、運送人が手荷物を供託し、または催告の後に競売することができるが、手荷物が損傷しやすい物であるときは、催告せずに競売ができるという、商人間売買における売主の供託権・自助売却権（商524）に準じた権利を認められるという形で規定されているものを、本条3項ないし5項は商法524条の準用を止めて、運送人の独自の権利としてその手続を整序している。本条6項は、現行商法591条2項ただし書を承継したものである。結局、本条の手続自体は、現行法の手続と同様のものである。

4-5 携帯手荷物に関する責任

　現行商法592条、同786条1項は、運送人は、旅客から引渡しを受けない手荷物（携帯手荷物、持込手荷物）の滅失または損傷については、自己またはその使用人に過失がある場合を除いて、損害賠償責任を負わない旨を規定している。改正商法（案）593条1項は、この趣旨をそのまま

引き継いでいる。本条本項の「運送人」も、やはり履行補助者を含意すると読むべきである。

損害賠償を請求するためには、手荷物を保管している旅客が運送人側の過失を証明しなければならないが、現行商法592条の下では、この場合の賠償額は、託送手荷物の例によるべく、民法416条の原則によるべきではないと解されていた。なぜならば、引渡しを受けない手荷物についての責任が、引渡しを受けた手荷物についての責任よりも重くなるという不合理な結果を生じるからである[75]。

そこで、改正商法（案）593条2項は、損害賠償額の定額化（改商（案）576Ⅰ・Ⅲ）、運送人の損害賠償責任の消滅（改商（案）584Ⅰ、585Ⅰ・Ⅱ）、不法行為責任との関係（改商（案）587（改商（案）576Ⅰ・Ⅲ、584Ⅰ、585Ⅰ・Ⅱの準用部分に限る——高価品特則に関する部分は除外）、588）の規定を、運送人が携帯手荷物に関する損害賠償責任を負う場合に準用する旨を明定したのである。

◆ 4-6 運送人の債権の消滅時効

海上旅客運送人の旅客運送契約に基づく債権の消滅時効に関しては、現行商法786条1項、同765条に規定が設けられている。しかし、陸上旅客運送人のそれに関しては、明確な商法上の規定を欠いている。ただ、平成29年(2017年)改正前民法174条3号が、運送賃に係る債権は1年間行使しないときは消滅すると定めていたため、さしあたって、不都合は免れていたが、同年改正後民法は、いわゆる短期消滅時効制度を廃止してしまったので、このままでは不都合を生じる。

改正商法（案）594条は、旅客運送契約に基づく債権の消滅時効につき、改正商法（案）586条を準用して、1年の短期消滅時効を維持することとしている。

---

[75] 拙著・注(4)前掲353頁参照。

●5● 海上物品運送に関する特則

◆ 5-1 緒　言

　今次改正商法（案）は、海商法制についても大幅な見直しを行っているが、ここでは海商編（第3編）第3章のみを対象に記述することとしたい。なお、海上旅客運送に関しては、改正商法（案）の下では、もっぱら商行為編（第2編）第8章第3節により規整されることとなる。

◆ 5-2 個品運送

5-2-1 運送品の船積み等

　改正商法（案）737条1項かっこ書は、個品運送契約を、「個々の運送品を目的とする運送契約をいう」と簡単に定義している。従来、個品運送契約（箇品運送契約）とは、海上運送人が個々の物品の運送を引き受け、その相手方である荷送人がこれに報酬すなわち運送賃を支払うことを約する契約である[76]と説かれたり、運送品を積載すべき船腹を契約で特定することなく個々の運送品を運送する海上物品運送であり、この個品運送を約定する契約である[77]と説かれた。どのような運送品であるかが契約の中心をなし、船舶の個性が重んじられない類型の契約である[78]。

　改正商法（案）737条1項は、現行商法749条1項の後継規定と観察されようが、現行法が、船積みを、荷送人の協力義務として、荷送人を主体に規定しているのに対し、本条本項は、運送人を主体として、運送品を受け取った後の船積みおよび積付け義務として規定している。これにより、物品の受取りから引渡しまでを運送契約の内容として運送人の注意義務を定めるという姿勢を明確にしているものと考えられる。また、現行法は、運送契約の当事者として、「運送人」という単語を用いていないが、改正法（案）では、この単語に統一されている。現行法では、海上運送は船舶所有者が行うものとして規律されているが（船舶賃借人につき、現商704Ⅰ）、定期傭船者や利用運送人（実際の運送を下請運送人に委

---

[76]　中村：箱井・注(52)前掲158頁。
[77]　村田・注(54)前掲163-164頁。
[78]　石井照久『海商法』（有斐閣・1964年）212頁参照。

託する者)など、船舶所有者や船舶賃借人以外の者も荷主との間で海上運送契約を締結しているため[79]、運送人という単語に統一することとしたのである。

本条本項の下でも、荷送人が従来と同様に協力義務としての性質を有する[80]船積み義務を負うことは変わらないであろう。この義務が、荷送人の真正の義務であるか不真正の義務であるかは、これまた従来と同様、解釈に委ねられる。

改正商法(案)737条2項は、現行商法749条2項の規律をそのまま承継している。しかし、今日の定期船による個品運送の実際においては、荷送人はあらかじめ定められた発着時間表により、運送人の支店または代理店に運送品の引渡しを完了しており、仮に当該定期船に運送品が船積みされなかったとしても、次便船による運送が約定されたものと解されるから、本条が個品運送に適用されることは、現実には考え難い[81]。

5-2-2 船長に対する必要書類の交付

改正商法(案)738条は、現行商法751条(個品運送および航海傭船の共通規定)の個品運送に係る後継規定である。運送人から観れば、船積書類交付請求権の一環をなす規定である。

5-2-3 航海に堪える能力に関する注意義務

5-2-3-1 現行商法規定の概観

現行商法766条(個品運送・航海傭船共通規定)は、海上運送人の責任に関し、多く陸上運送人の責任原則を準用している。同条の準用によれば、その基本的義務として、現行商法577条により、運送人は、運送品の受取り、引渡し、保管および運送に関し、運送契約の本旨に従い、善良な管理者の注意をもって契約を履行し、その過程で自己またはその履行補助者が注意を怠らなかったことを証明しなければ、運送品の滅失、損傷または延着につき損害賠償の責めに任じなければならないとされる。すでに述べたように(3-6-1)、この基本的責任は、推定過失責任である。その他、運送人の責任に関しては、その営業・事業の特殊性を考

---

[79] 補足説明第2部第3、1参照。
[80] 村田・注(54)前掲182頁。
[81] 中村:箱井・注(52)前掲218頁。

慮して、現行商法578条ないし同581条、同588条および同566条が準用されている。加えて、免責約款の制限に関する同739条の規定が置かれている。

以上の他に、現行商法738条（個品運送・航海傭船共通規定）は、航海の安全を図るという公益的な理由から、堪航能力担保義務という義務を運送人に課している。堪航能力担保義務を定義づけるとすれば、海上運送人が、傭船者または荷送人に対し、発航の当時その船舶が安全に航海をなすに堪えることを担保し、これに堪えないときはそれによって生じた損害を賠償する義務である[82]。同条の堪航能力担保義務は、その設けられた趣旨およびその規定形式（一般の場合と異なり、故意過失に言及せず、「担保ス」と規定する）などからみて、無過失責任を法定したものと解するのが通説であった[83]。判例（最判昭和49年（1974年）3月15日民集28巻2号222頁）も、この責任を無過失責任と解している。しかし、この責任は、現行商法739条と相俟って、軽過失についても免責が許されず、陸上運送人などの責任に比し不当に重く、その間に均衡を失しており、過失責任とすべきであるとの立法論が強く主張されていた[84]。

5-2-3-2　堪航能力担保義務の過失責任主義への転換

改正商法（案）は、運送人の責任に関する一般的規律を、商行為編の規定に委ねるとともに、上の堪航能力担保義務に改正を加えたと観察しうる。

改正商法（案）739条1項は、運送人が、堪航能力担保義務に違反して、運送品の滅失、損傷または延着を生じれば、損害賠償の責任を負う旨を規定しているが、運送人が発航の当時に、以下の事項について注意を怠らなかったことを証明したときは、この限りでないとしている。すなわち、①船舶を航海に堪える状態に置くこと、②船員の乗組み、船舶の艤装および需品の補給を適切に行うこと、および、③船倉、冷蔵室その他運送品を積み込む場所を運送品の受入れ、運送および保存に適する状態に置くこと、である。

---

[82]　戸田修三『海商法（3訂版追補）』（文眞堂・1983年）133-134頁。
[83]　石井・注[78]前掲226頁。
[84]　同前および同前257頁参照。

堪航能力の内容について、船舶が安全に航海をなすに堪えるというためには、従来、狭義の堪航能力、すなわち船体が堅牢で当該航海に堪える能力を有すべきことは当然であるが、その他に、いわゆる運航能力、換言すれば、約定の航海をなすに必要な一切の設備、たとえば船長・海員の乗組み、法定書類の備置き、燃料・食糧の積込みなど、一切の艤装を完備していること、ならびに運送契約による特定の運送品を運送する船舶の能力、いわゆる堪貨能力をも有しなければならないと解されてきた[85]。上の①ないし③は、これら広い意義での堪航能力を整序したものである。

　本条本項は、従来の堪航能力担保義務を過失責任に改めている。今日では、過失責任主義が適当であり、船舶の構造が複雑化・大型化しているので、相当の注意を尽くしても船舶の設備等の瑕疵を発見しえない場合もあり、無過失の運送人に結果責任を負わせることは酷である。また、現行国際海上物品運送法５条では、堪航能力担保義務違反による運送人の責任は過失責任とされ、国内運送と国際運送の責任のあり方が均衡を失している[86]。それゆえ、過失責任主義への転換が図られたわけである。上記①ないし③の表現は、現行国際海上物品運送法５条１項のそれを参考としている。なお、現行国際海上物品運送法５条は、その規律内容を維持しつつ、改正法（案）においては、本条本項と平仄を合わせた表現に改められている。

5-2-3-3　現行商法739条の規律の制限

　改正商法（案）739条２項は、個品運送の場合の堪航能力担保義務違反による責任を減免する特約のみを無効とし、現行商法739条のうち、船舶所有者（運送人）の過失または船員その他の使用人の悪意重過失により生じた損害の賠償責任に係る免責特約を無効とする旨の規律を削る趣旨である。

　現行商法739条は、海上運送人の責任について、免責特約を厳格に禁止している。同条によれば、運送人は、船長その他の使用人の軽過失によって生じた損害についてのみ、免責特約の恩恵に与ることしかできな

---

[85]　戸田・注(82)前掲134頁。
[86]　補足説明第２部第３、２(2)参照。

い。これは、免責特約が増加して運送人の責任が極度に縮少されると、船荷証券の所持人、銀行業者、保険業者は安んじて船荷証券による取引をなしえず、それはやがて船荷証券の円滑な流通性を阻害することになるから、免責特約を制限する必要性が叫ばれたことに起因する。数次の国際会議を経て、1888年（明治12年）のブラッセルにおける万国商法会議において免責約款の制限について各国に勧告がなされ、わが現行商法739条は、まさにこの勧告に基づいて規定されたものである[87]。この勧告は、ほとんどの国の採用するところとならなかったにもかかわらず、わが国は、これに基づく厳しい免責特約禁止規定を設けたので、結果、現行商法739条は、烈しい国際競争の中において、長くわが国の海運業界を苦しめてきたといわれている[88]。世界における主要な海運国はすべて1924年（大正13年）の船荷証券統一条約（いわゆる Hague Rules）を国内法化し、これに基づいて運送人の責任、就中免責特約の効力についての法規整を行っていたので、これらの国法に比べてわが商法は運送人にきわめて不利な立法となっていたのである[89]。具体的には、統一条約では、運送人は、その使用する者の航行または船舶の取扱いに関する行為により生じた損害について、当然に賠償責任を負わない（航海上の過失責任）とされており[90]、これに比べると、現行商法739条の規律は、運送人に著しく不利となっているわけである。

　上の事情に加え、現在では、標準約款や標準契約書式が相当に整備されている他、内航海運業法による行政的な規制も存在する。さらに、海上運送契約の当事者が事業者であることが多いことを踏まえると、現行商法739条の規律を削除したとしても、荷主の利益を一方的に害する免責特約がなされる危険性が高いとはいい難い[91]。それゆえ、改正法（案）では、個品運送につき、公益的な観点から認められる堪航能力担保義務違反による責任の減免特約の規律だけを残し、現行商法739条を削除し

---

(87)　戸田・注(82)前掲159頁。
(88)　中村：箱囲・注(52)前掲271頁。
(89)　戸田・注(82)前掲159頁。
(90)　補足説明第2部第3、2(3)参照。
(91)　同前参照。

たのである。

5-2-4　違法船積品の陸揚げ等

　改正商法（案）740条1項は、現行商法740条1項本文の規律をそのまま承継するものである。ただし、現行商法同条は、個品運送および航海傭船に共通の規定である。

　改正商法（案）740条2項は、現行商法740条1項ただし書の規律をそのまま承継するものである。

　改正商法（案）740条3項は、現行商法740条2項の規律をそのまま承継するものである。

　引き渡された運送品を無害にする措置を執りうるという運送人の利益を保護する一環である。

5-2-5　荷受人の運送賃支払義務等

　改正商法（案）741条は、現行商法753条の後継規定である。現行商法同条は、個品運送および航海傭船のいずれをも規整するものとして置かれている。すなわち、現行商法同条1項によれば、荷受人は、運送品を受け取ったときは、「運送賃、附随ノ費用、立替金、碇泊料及ヒ運送品ノ価格ニ応シ共同海損又ハ救助ノ為メ負担スヘキ金額」を支払うべき義務を負うものとされている。しかし、同条同項の碇泊料（停泊料、滞船料）（船積期間経過後の停泊に対して運送人が請求しうる額）は、傭船者による船積みを予定する航海傭船契約（現商741Ⅱ参照）に特有の規律であり、個品運送には適用がないと解されている[92]。

　改正商法（案）741条1項は、上の理を明らかにするため、個品運送について荷受人が支払義務を負う運送賃等から碇泊料を削除したものである。

　改正商法（案）741条2項は、現行商法753条2項の規律を個品運送について承継するものである。運送人の留置権に係る規定である。

5-2-6　運送品の競売

　改正商法（案）742条は、現行商法757条の個品運送に係る後継規定である。現行商法同条は、これまた個品運送および航海傭船に共通の規定

---

[92]　同前第2部第3、3(3)ア参照。

である。

　現行商法757条1項は、船舶所有者（運送人）が、運送賃等の支払いを受けるため、裁判所の許可を得て、運送品を競売することができるとの定めであり、同2項が裁判管轄について定めている。しかし、この規律の下では、運送人には裁判所の許可の手続および競売開始の手続（民執195、190Ⅱ）を重ねて行う負担があり、他方、陸上運送の場合（改商（案）582Ⅱ、現商585Ⅱ）と同様に、必要な要件の具備については、競売手続の中で審査の機会を保障することもできるため[93]、改正商法（案）742条中では、裁判所の許可という要件が削られたのである。

　現行商法757条3項によれば、運送人の競売権は、船長が荷受人に運送品を引き渡した後でも、引渡しの日から2週間以内または第三者がその占有を取得するまでの間は行使できるものとされている。この競売権は、海上運送人の利益（運送品を留置することにともなう不便の除去）のためのみならず、積荷関係者の利益（海上危険を延長することの防止——船舶内に運送品を留置すれば、それだけ海上危険が延長される）をも考慮したものであるから[94]、海上運送人がこの権利を行使しなかったときには、現行商法758条に依拠して、運送賃等の請求権を失うと説かれてきた。

　しかし、運送賃を掛けの後払いとすることが多い実務に照らすと、運送品引渡しの日から2週間の経過により競売権および運送賃等の請求権を失うとするのは相当でない。また、競売権を行使しないことにより実体法上の運送賃等の請求権が消滅することは、積荷の利害関係人の権利を過度に制約するものと考えられる[95]。

　そこで、改正商法（案）742条は、現行商法757条3項の規律を引き継ぎつつ、競売権喪失事由から「引渡ノ日ヨリ2週間ヲ経過シタルトキ」を除き、かつ、現行商法758条の規律を削除したのである。

5-2-7　運送賃等に係るその他の改正

　現行商法755条によれば、運送品の重量または容積により運送賃を定めた場合には、その額は運送品の引渡しの当時の重量または容積により

---

[93]　同前第2部第3、2(5)イ(ア)参照。
[94]　石井・注(78)前掲245頁参照。
[95]　補足説明第2部第3(5)イ(イ)参照。

定まるとされている。また、現行商法756条は、期間により運送賃を定めた場合につき、その期間の計算のあり方を詳細に規定している（両条とも、個品運送・航海傭船共通規定）。しかし、運送賃の定め方は実務上区々であり、当事者間の合意に委ねることが相当である[96]。それゆえ、改正商法（案）は、現行の両条を削除することとした。

なお、個品運送契約については、実務上、運送賃はコンテナまたはトラックの長さにより定まるのが通常であり、現行商法755条および同756条の適用がある事例は、ほとんどなかったようである[97]。

5-2-8 荷送人による発航前の任意解除権(1)

一部の荷送人だけが単独でその個品運送契約を解除する場合を念頭に、まず現行法を概観する。

現行商法750条、同748条1項によれば、荷送人が発航前でしかも船積みの前に契約を解除したときは、運送賃の全額を支払うことを要するが、運送人が他の運送品から得た金額はこれを控除するとしている。個品運送契約の任意解除の場合に運送賃の全額を支払うべきものと定めたのは、代品について個品運送契約をなしうる機会を得ることが困難であるからであるが、運送賃の全額を支払わせる代わりに、もし運送人がこれによって生じた空艙を利用して運送賃を得た場合にはこれを控除して公平を期しているわけである[98]。

すでに運送品の全部または一部を船積みした後における発航前の契約解除の場合には、現行商法750条、同748条2項により、他の傭船者および荷送人の同意を得なければ解除をなしえないものとされている。解除にともなう積荷の積換え等によって発航の遅延や他の積荷の損傷を生じるおそれがあるからである[99]。さらに、現行商法750条、同748条3項、同745条3項により、荷送人は、運送品の船積み・陸揚げの費用を負担しなければならない。

改正商法（案）743条は、基本的に、上の規律を維持した上で、これ

---

[96] 同前第2部第3、2(5)ア参照。
[97] 同前第2部第3、3(3)イ参照。
[98] 戸田・注(82)前掲179頁参照。
[99] 同前、村田・注(54)前掲225頁。

を整序して立法されたものと観察しうる。しかし、契約の解除によって運送人に生じる損害の額が運送賃の全額を下回るときは、荷送人は、その損害額の支払いをすればそれで足りるものとして、本条1項ただし書にその旨が明定された。このただし書は、運送品の全部または一部の船積みの後に他の荷送人および傭船者の全員の同意を得てする解除にも、当然に適用される。

5-2-9 荷送人による発航前の任意解除権(2)

荷送人は、発航前に個品運送契約を解除した場合であっても、現行商法750条、同748条3項、同745条1項により、付随費用や立替金をも支払わなければならない。

現行商法は、準用の準用という体裁であり、読み取りにくいので、改正商法（案）744条は、上の規律を独立の条文としたのである。

5-2-10 荷送人による発航後の任意解除権

船舶の発航後に荷送人が個品運送契約を解除する場合も、現行商法750条、同748条2項により、他の荷送人および傭船者の全員の同意を得なければならず、加えて、同750条、748条3項、同747条により、約定運賃の全額を解約運賃として支払う他に、同753条1項所定の債務を弁済し、かつ陸揚げのために生じる損害を賠償しまたは相当の担保を供しなければならない。

現行商法上の上の規律を理解するには、準用を繰り返さなければならない。それゆえ、改正商法（案）745条は、この規律を独立の条文中に整序し、分かり易さに配慮をしたのである。

5-2-11 個品運送契約の法定終了および法定解除権

現行商法763条は、個品運送契約について一定の事由が生じた場合等の法定終了および法定解除権について定めているが、これらの事項については、民法の一般原則に従うことが相当であると判断されたのであろう、同条は、改正商法（案）では削除されている。

5-2-12 積荷を航海の用に供した場合の運送賃

運送契約は請負契約であるから、運送賃は運送が完成したときに運送品と引換えに支払うべきもので、運送品が目的地に到達しないときは運送賃支払請求権は発生せず、もし海上運送人がすでにその全部または一

部を受け取ったときはこれを返還しなければならない（現商766、576Ⅰ）。あくまでもこれが原則である。しかし、この原則に対し、商法は、公平の見地に立って特別の規定を設け、運送を完成しない場合にも運送賃の全額を請求しうる旨を定めている。その規定のひとつが現行商法764条である。

現行商法764条2号によれば、「船長カ第719条ノ規定ニ従ヒテ積荷ヲ航海ノ用ニ供シタルトキ」においても、運送人は運送賃の全額を請求することができる。現行商法719条にいう「積荷ヲ航海ノ用ニ供スルコト」とは、たとえば運送品である石炭や食糧を船舶の燃料や船員の食糧として使用することで、すなわち事実行為として処分する場合をいう[100]。この場合には、その運送品については、到達予定時における陸揚港の普通価額を基準に算定される額の損害賠償が支払われるから（現商719後段、715Ⅱ）、運送人が請求できる運賃の額に変動はなく、その全額を請求できる。なぜならば、そのような額の損害賠償が支払われるならば、約定の運送は一応完成されたものとみなして差し支えないからである[101]。

現行商法719条は、改正商法（案）712条に承継され、航海継続の必要があるときに積荷を航海の用に供することができるとする船長の権限は、同（案）712条1項に明らかにされている。改正商法（案）746条は、船長がそのような権限を行使して積荷を航海の用に供したときにおいても、運送人が運送賃の全額を請求できる旨を明らかにしている。

5-2-13 非航海船による物品運送への準用

改正商法（案）684条によれば、海商編（第3編）における「船舶」とは、商行為をする目的で航海の用に供する船舶（端舟その他櫓櫂舟を除く）をいうとされているので、ここまで逐条概観を試みた同（案）737条ないし同（案）746条は、いわゆる「航海船」に関する規整である。

他方、すでに述べたように（2-2-3）、改正商法（案）569条は、湖川、港湾その他の海以外の水域において航行の用に供される船舶による物品または旅客の運送も海上物品運送に含めている。

そこで、改正商法（案）747条は、商行為をする目的でもっぱら湖川、

---

(100) 中村：箱井・注(52)前掲133頁。
(101) 村田・注(54)前掲202頁。

港湾その他の海以外の水域において航行の用に供する船舶（端舟その他櫓櫂舟を除く）を「非航海船」とし、第3編第3章第1節の規定を、非航海船による物品運送に準用するものとした。

◆ 5-3 航 海 傭 船

5-3-1 運送品の船積み

　改正商法（案）748条1項かっこ書は、航海傭船契約を、「船舶の全部又は一部を目的とする運送契約をいう」と簡単に定義している。従来、この契約は、通常は（狭義の）「傭船契約」と説明され、この運送を傭船運送と称することもある。傭船契約とは、海上運送人である船主が運送の態様として船舶の全部または一部を貸し切り、これに船積みした物品を運送することを約し、その相手方である傭船者がこれに報酬すなわち運送賃（傭船料）を支払うことを約する運送契約である[102]と説かれてきたものである。

　（狭義の）傭船契約と上で述べたが、わが国で傭船契約という場合、現行商法上観念されるところの傭船契約の意義は、海運実務界で用いられる傭船契約の意義と必ずしも一致しないからである。海運実務においては、典型的な傭船契約は、通常、①裸傭船契約（bare boat charter）、②航海傭船契約（voyage charter）および③定期傭船契約（time charter）に分類される。①においては、船舶の占有が船主から傭船者に移され、かつ、船長その他の船員は傭船者の使用人である点に特徴があり、これは船舶賃貸借に当たるものといえる。②は、船舶を利用できる期間を、航海を標準として定めるものであるが、「船舶ノ全部又ハ一部ヲ以テ運送契約ノ目的ト為シタルトキ（現商737参照）」に相当するものであり、運送契約と観ることができる。③は、船舶の利用期間を一定の期間を標準として定めるもので、わが商法に対応規定はみられず、特殊な標準契約書式に基づいて行われ、船主と定期傭船者のいずれを海上運送主体として理解すべきかについて議論があるものである[103]。

---

[102]　石井・注(78)前掲210頁。
[103]　以上、箱井崇史『基本講義現代海商法(第2版)』（成文堂・2015年）78-79頁参照。

改正商法（案）は、商法典上の用語として、「航海傭船」を用いることとし、（法典上の用語ではなかったものの）「傭船契約」を用いることなく、実務用語との混乱を避けたものと思われる。いずれにせよ、航海傭船においては、船舶の個性が重視され、傭船者は、船舶および航海に関して広汎な支配権を有する一方で、運送品の個性は重んじられない。

　改正商法（案）748条 1 項は、現行商法737条の定義部分だけは引き継いだものの、同737条自体は削除された。現行商法737条は、航海傭船契約を締結したときは、各当事者は、相手方の請求により運送契約書を交付しなければならないと規定するが、実務の運用に委ねれば足り、法律で規律しないことが相当である[104]との判断である。

　改正商法（案）748条 1 項自体は、現行商法741条 1 項の後継規定であり、運送人の船積準備整頓通知義務を定めるものである。現行商法741条 1 項は、全部傭船の場合にこの義務を定めるものであるが、本条本項では、全部傭船も一部傭船も含めてこれを定めている。通知を発する主体が、船舶所有者から船長に変更されている。準備整頓の通知が船積期間算定の基礎となることは、改正前と同様である。

　改正商法（案）748条 2 項は、現行商法741条 2 項前段および同 3 項の後継規定である。現行商法741条 2 項前段は、船積準備整頓の通知があった日（通知が到達した日と解されている[105]）の翌日から船積期間が始まると定めているが、本条本項前段は、「通知があった時」を起算点に変更している。本条本項は任意規定であり、特約によってこれを変更できる[106]と解されるので、大きな改正ではないと評価できる。改正商法（案）748条 2 項後段は、不可抗力による船積みの不能を船積期間に算入しないとするものであり、現行商法741条 3 項と同じである。不可抗力としては、暴風雨、天災、戦争、暴動、港湾荷役のストライキなどが挙げられる[107]。

　改正商法（案）748条 3 項は、現行商法741条 2 項後段の後継規定であ

---

[104]　補足説明第 2 部第 3 、 2 (1)。
[105]　村田・注(54)前掲185頁、戸田・注(82)前掲129頁。
[106]　村田・同前。
[107]　同前174頁。

り、従来いわゆる碇泊料（停泊料、滞船料）の請求に係る定めである。現行商法741条2項後段が、相当の「報酬」を請求できると定めていたのを、本条本項では、「滞船料」と改めている。滞船料請求権は、船積期間（または陸揚期間）を経過した後も停泊したために、運送人が船員の給料や食糧などにつき不測の費用を支出しなければならないのに、運送賃の中にはこれを含んでいないし、また発航が遅れて船腹の利用の機会を徒過するために、公平の見地から認められたものである[108]。

現行法の下では、滞船料の法的性質につき争いがある。損害賠償説、特別報酬説、折衷説に分かれるが、現行商法741条2項後段が、これを「報酬」として規定しているがため、この文字に拘泥しすぎた憾いのある説も存在する[109]。改正商法（案）は、滞船料の法的性質について、従来と同様に、これを解釈に委ねている。

5-3-2 第三者による船積み

改正商法（案）749条は、現行商法742条の後継規定である。改正商法（案）749条1項が、現行商法742条前段を、同（案）749条2項が、同742条後段を、それぞれ引き継いでいる。現行法を単に現代語化したにとどまる。

5-3-3 傭船者による発航の請求

改正商法（案）750条1項は、現行商法743条1項の後継規定であり、いわゆる全部傭船者の発航請求権に係る規定である。船積期間および約定の超過停泊期間の経過前でも、荷送人（傭船者）は、都合によって一部の運送品の運送を取り止めたいときは、運送人に対し、一部不積みのままで船舶を発航できるよう請求することができ、この請求を受けた運送人は、遅滞なく船舶を発航させなければならない[110]。法文の文理上、傭船者は、全部不積みの場合にも発航請求をすることができるように読み取れるが、本条本項による発航請求は、一部不積みの場合に限って認められると解すべきである。荷送人は、約定運送品の全部の運送を取り

---

[108] 戸田・注(82)前掲173頁。
[109] 同前174-175頁参照。
[110] 村田・注(54)前掲190頁。

止めたい場合には、改正商法（案）753条1項（現行商法745条1項）の任意解除が可能であるばかりでなく、そのような場合に発航請求を許すのは、運送人に無益な空船航海を強いることになって信義則に反し、かつ不経済だからである[111]。

なお、一部傭船の場合には、全傭船者による共同の請求があれば、発航をしなければならない。

改正商法（案）750条2項は、現行商法743条2項の後継規定である。発航請求をした傭船者は、運送賃全額の支払い（したがって、特約がなければ他の運送品の船積みをなしえない）の他、未船積みによって生じた費用を支払うことを要する。この場合の運送賃を「空積運送賃」という[112]。

5-3-4　船長の発航権

改正商法（案）751条前段は、現行商法744条1項の、同じく改正商法（案）751条後段は、現行商法744条2項の、それぞれ後継規定である。船積期間または約定の超過停泊期間の経過後にもなお一部不積みがあるときは、運送人は、そうした一部不積みを運送契約の一部解除とみなすことができ（改商（案）753Ⅲ、現商745Ⅳ）、したがって、一部不積みのままであっても、直ちに船舶を発航させることができるわけである[113]。この場合に、運送賃全額の請求権、増加費用請求権および担保供与請求権が運送人に認められることは、傭船者による発航請求の場合と同様である。

なお、一部航海傭船の場合には、一部航海傭船者の全員につき船積期間が経過したときに、船長に発航権が認められる。

5-3-5　運送品の陸揚げ

改正商法（案）752条1項は、現行商法752条1項の後継規定であり、いわゆる陸揚準備整頓通知義務に係る規定である。単に現行規定を現代語化したにすぎない。

改正商法（案）752条2項は、現行商法752条2項前段および同3項の

---

[111]　同前191頁脚注(1)参照。
[112]　石井・注(78)前掲235頁。
[113]　村田・注(54)前掲191頁。

後継規定である。現行法では、陸揚期間は、その起算日を陸揚準備整頓の通知到達の翌日とし、不可抗力による陸揚げの不能の日を期間に算入しないと定めている。改正法（案）は、これを船積期間と同様の規整（起算点につき）に改めるものである（改商（案）748Ⅱ参照）。実務上、日を基準に陸揚期間を定めることは少ないので、時に改めたにすぎない。

　改正商法（案）752条3項は、現行商法752条2項後段の後継規定であり、滞船料の請求に係る定めである。滞船料については、すでに述べた（5‐3‐1参照）。

5‐3‐6　全部航海傭船契約の傭船者による発航前の任意解除権

　まず、現行商法の規定を概観してみよう。

　運送契約の締結後も、商況その他の事情の変動により、物品運送の必要が無くなったり、運送品の集荷・船積みが遅延したりすることがあるが、商法は、かかる事情の変動に対応して契約解除ができるよう、荷送人に海上物品運送契約の任意解除権を付与している。荷送人がこの任意解除権に基づいて契約を解除した場合、運送人が受ける損害の有無や額について一々査定するのは日時・労力・費用を要するだけでなく、せっかく査定してもその結果につき紛争を生じ易い。それゆえ商法は、具体的な損害額の如何にかかわらず画一的に賠償額を法定して、約定運賃の一定額を賠償として支払うべき義務を荷送人に課するとともに、その法定賠償額に具体的な過不足があっても当事者においてこれを争うことができないものとした[114]。このような考え方に基づく発航前の任意解除権の定めが、現行商法745条である。

　現行商法745条1項によれば、傭船者は、船舶の発航前に全部傭船契約を解除したときは、運送賃の半額を解約運賃として支払わなければならない。同2項によれば、往復航海をなすべき場合に帰航の発航前に契約を解除したとき、あるいは他港から船積港に回航すべき場合（いわゆる複合航海）にその船積港発航前に契約を解除したときは、運送賃の3分の2を支払うことを要する。往復航海や複合航海の場合には、一般に、賠償額は運賃の半額では足りないからである[115]と説かれる。上の金額は、

---

[114]　以上、同前222頁。

[115]　同前223頁。

「空積運送賃」と称されるのが一般的であるが、これは真の運送賃でないこと、当然である。

改正商法（案）753条1項本文は、上の航海の態様に応じた区分は、これを相当でないとして[116]、撤廃した上で、契約解除に際して支払うべき定型額として、運送品の全額および滞船料と定めた。これは、基本的に、請負契約において注文者が任意解除をするためには、請負人に生じる損害の賠償を要すること（民641）を念頭にした[117]ものであると説かれる。そこで、改正商法（案）753条1項ただし書では、契約解除にともなって運送人に生じる損害額が、運送賃の全額および滞船料を下回るときは、その損害を賠償すれば足りるものとした。なお、現行商法745条の下では、空積運送賃の性質を、損害賠償や違約金ではなく、1種の法定解約金であると解する説もあったが[118]、改正商法（案）の規定ぶりは、これを損害賠償と位置づけているものと思われる。上の金額の支払いは、契約解除の前提条件ではなく、解除後に支払っても差し支えないとの通説[119]は、改正後も維持されよう。

改正商法（案）753条2項は、現行商法745条3項の後継規定である。運送品の全部または一部の船積みの後の解除に際しては、傭船者は、船積みおよび陸揚げ（解除にともなう陸揚げ）の費用を負担しなければならない。なお、付随費用や立替金の支払いをもなさなければならない（改商（案）756Ⅰ→744）。

改正商法（案）753条3項は、現行商法745条4項の後継規定である。船積期間内に傭船者が運送品の船積みをしなかったときは、運送人は、契約解除があったものとみなすことができる。現行法は、完全擬制であるが、改正法（案）は、みなしてもかまわないという形に変更されている。

5-3-7 全部航海傭船契約の傭船者による発航後の任意解除権

改正商法（案）754条は、現行商法747条の後継規定である。基本的に

---

[116] 補足説明第2部第3、2(7)ア参照。
[117] 同前参照。
[118] 石井・注(78)前掲246頁、戸田・注(82)前掲179頁。
[119] 戸田・同前178-179頁、村田・注(54)前掲223頁脚注(2)参照。

現行の規律を維持している。すなわち、傭船者は、船舶の発航後に契約を解除したときは、運賃の全額、付随の費用、立替金、運送品の価格に応じて支払うべき救助料の額・共同海損の分担金および運送品の陸揚げによって生ずべき損害の額の合計額ならびに滞船料を支払い、または相当の担保を供しなければ、契約の解除をすることができない。

現行法の下では、これらの金額の支払いまたは担保の供与が、任意解除権行使の前提条件であるか否かにつき争いがある[120]。これまた改正後も解釈に委ねられる。

5-3-8 一部航海傭船契約の解除への準用

改正商法（案）755条は、一部航海傭船契約の任意解除の場合の準用を定める。準用されるのは、改正商法（案）743条（荷送人による発航前の解除）、同（案）745条（荷送人による発航後の解除）および同（案）753条3項（船積期間経過後の船積みの未済による契約解除のみなし可）である。

5-3-9 個品運送契約に関する規定の準用等

改正商法（案）756条1項は、個品運送契約に関する規定の航海傭船契約への準用を定める。準用されるのは、改正商法（案）738条（船長に対する必要書類の交付）、同（案）739条1項（堪航能力に関する注意義務）、同（案）740条（違法な船積品の陸揚げ等）、同（案）741条（荷受人の運送賃支払義務等）、同（案）742条（運送品の競売）、同（案）744条（契約解除に際しての運送人に対する付随の費用および立替金の支払義務）、同（案）746条（積荷を航海の用に供した場合の運送賃）、および同（案）747条（非航海船による物品運送への準用）である。

改正商法（案）756条2項は、運送人の堪航能力に係る注意義務違反による損害賠償責任の減免特約をもって、船荷証券の所持人に対抗することができないとするものである。船荷証券取引の安全を図る趣旨である。

---

[120] 戸田・同前180頁参照。戸田修三は、前提条件であるとの説を採る。対して村田治美は、解除にともなってなされる運送品の引渡しが解約運賃等の支払いまたは担保の供与と引換えになされるべきことを定めたにすぎないと解する（村田・注(54)前掲224頁）。

5-3-10 再運送契約における船舶所有者の責任

船舶所有者が傭船者と傭船契約（主運送契約）を締結し、さらにその傭船者が第三者と運送契約（個品運送契約、航海傭船契約のいずれもありうる）を締結した場合に、当該運送契約を「再運送契約」という。運送人たる船舶所有者にとって、運送品が何人に属するかは問題でないため、傭船者は船主の承諾なくして自由に再運送契約を締結しうる[121]。再々運送契約、再々々運送契約というように契約の連鎖もありうる。

再運送契約の効用としては、運送賃の差額を利得する投機的目的、あるいは傭船契約が不要となった場合にその船腹を利用し、あるいは通し運送をなすためなどの理由を挙げることができ、現代における海上物品運送の実情は、再運送の必要を痛感せしめる有様となっている[122]と説かれる。

主運送契約と再運送契約との関係を整理しておく。両者は互いに別個独立の契約であるから、双方のうちいずれを先に締結しても差し支えなく、また両契約の内容が相違しても双方ともに運送契約として有効である。主運送人は、再運送の荷送人や荷受人に対しては運送人として直接に何らの契約責任も負わず、ひとり再運送人だけがこれらの者に対して再運送契約の履行の責めに任ずる。主運送人は、再運送の荷送人や荷受人に対しては運賃支払請求権その他の契約上の権利を持たず、再運送人だけがこれらの者に対して契約上の権利を持つにすぎない[123]。

再運送の荷送人や荷受人に対して再運送契約の履行の責めに任ずべき者は、上のとおり、再運送人（傭船者）であって主運送人（船主）ではないのが原則であるが、現行商法759条は、特則を設けてこの原則に修正を加え、再運送契約の履行が船長の職務に属する範囲内においては、船主のみが責めに任ずべきものとし、したがって、傭船者は、この限度において責めを免れることになる。

このような特則を設けたのは、運送契約の履行に関する船長の行動に対して船主に指揮監督権限があることから、主として求償関係の簡易化

---

[121] 戸田・同前119-120頁参照。
[122] 同前120頁。
[123] 村田・注(54)前掲166頁。

と合理化を図ったものであるとされている[124]。

　しかし、従来から、現行商法759条の規定は、その立法上の当否に疑問が呈されてきた。すなわち、同条の規定は、傭船者が主運送契約を利用し、あたかも船主の取次人的な地位において第三者と再運送契約を締結する場合を前提として設けられているけれども、今日における再運送契約の態様は、傭船者が自ら海上運送企業を経営する意思を持ち、再運送人（傭船者）があたかも主たる運送人を自己の履行補助者として使用しているかのごとき外観を呈しているのが現状であるから、本条によってこの場合を規律するのは著しく取引の安全を害するおそれがある[125]。再運送の荷送人が再運送人を契約の相手方に選んで運送を委託している以上、再運送の荷送人や荷受人に対しては、再運送人こそが運送人としての責任を負うべきが道理である[126]。以上のように説かれてきた。

　このような主張に鑑み、また、再運送契約の荷主は契約の相手方である傭船者を信頼して契約を締結したにもかかわらず、一定の範囲で傭船者が当然に責任を免れることは相当でないことや、同様の規律を有していたドイツでもその規律が削除されていることを踏まえ[127]、改正商法（案）は、現行商法759条を削除することとした。

　現行商法759条の削除により、再運送契約の荷主は、傭船者に対しては契約責任を追及し、船舶所有者に対しては、不法行為責任（改商（案）690、現商690）を追及しうる。

5-3-11 全部航海傭船契約の法定原因による終了

　現行商法760条1項によれば、海上物品運送契約は、船舶の沈没、船舶の修繕不能、船舶の捕獲、不可抗力による運送品の滅失のいずれかが生じれば、当然に終了する（当事者に帰責事由がないことを要する）。航海中に、船舶の沈没、修繕不能または捕獲が不可抗力によって生じたときは、現行商法760条2項によれば、傭船者は、それまでに行われた部分の運送の割合に応じて割合運送賃を支払わなければならないが、割合

---

[124]　石井・注(78)前掲214頁。
[125]　戸田・注(82)前掲121頁。
[126]　村田・注(54)前掲167頁。
[127]　補足説明第2部第3、2(6)。

運賃は、残存運送品の価額の限度内で支払えば足りる。よって、運送品が全部滅失して残存運送品が皆無であるなら、傭船者は、割合運賃を支払わなくてよい。

現行商法760条の上の規整には批判があった。すなわち、船舶の沈没または修繕不能の場合でも、運送品が存する限り他の船舶で運送することは可能であるから、これを運送契約の当然終了原因にすることは妥当でない。英法ではこれを契約終了の原因としていないが、運送契約の請負契約性からして当然というべきである[128]。

改正商法（案）は、現行商法760条を削除した。代船の手配が比較的容易となった現在において、このような規律は硬直的であり、民法の一般原則どおり、契約で定められた債務の内容に従い、その履行が不能であるときは無催告解除をすることができる（民542参照）などと整理することが相当である[129]とされたためである。

5-3-12 全部航海傭船契約の法定原因による解除

現行商法761条1項によれば、発航前に航海または運送が法令に違反するに至ったとき、その他不可抗力によって契約の目的を達成しえなくなったときは各当事者は契約の解除をすることができる。この場合は、運送賃の支払いは不要で無条件に解除できる。

現行商法761条2項によれば、発航後に上に述べた事由が生じて契約を解除したときは、傭船者は、割合運送賃を支払わなければならない。

このような規定は、たとえば、世界の安寧を暴力的手段によって破壊しようとする国家や地域に対する経済制裁のため、対象国・地域との通商が禁止されたような場合を念頭に置かれたのであろう（立法理由書中にも、「所謂到達地トノ貿易及ヒ交通ノ禁止セラレタルトキ[130]」とある）。しかし、実務上、現行商法761条の規律に従った解除の例はみられない[131]。それゆえ、改正商法（案）は同条を削除することとした。

---

[128] 戸田・注(82)前掲182頁。
[129] 補足説明第2部第3、2(8)ア。
[130] 東京博文館蔵版『商法修正案理由書』（博文館・1898年）161頁。
[131] 補足説明第2部第3、2(8)イ。

5-3-13 全部航海傭船の運送品の一部について生じた不可抗力

現行商法762条1項によれば、全部航海傭船契約に係る運送品の一部について、不可抗力による滅失、運送の法令違反または不可抗力による契約をした目的を達せられない事由の発生が生じたときは、傭船者は、船舶所有者の負担を増大させない範囲で、他の運送品を船積みすることができる。現行商法762条2項によれば、傭船者がこの措置を講じる場合には、遅滞なく旧運送品の陸揚げと他の運送品の船積みをしなければならず、これを怠ったときは、運送賃の全額を支払わなければならない。

しかし、このような事項は当事者間の合意に委ねれば足りる。現行商法762条の適用の前提となる同760条および同761条を削除することから、改正商法（案）は、同条も削除することとした[132]。

5-3-14 一部航海傭船契約の法定終了および法定解除権

現行商法763条は、一部航海傭船契約について一定の事由が生じた場合等の法定終了および法定解除権について定めている。これらの事項については、民法の一般原則に従うことが相当であり、同条の適用の前提となる現行商法760条および同761条を削除することから、改正商法（案）は、同条を削除することとした[133]。なお、同条は、個品運送契約の法定終了および法定解除権をも規整していたものである（5-2-11）。

●6● 船荷証券

◆ 6-1 現行商法の規整および船荷証券法制の現代化

現行商法第3編（海商編）は、その第3章第1節に第2款として船荷証券につき特別の款を設けている。そして、立法の便宜という観点から、船荷証券の発行者（現商767、768）、数通発行の場合（現商771～775）、証券の記載内容（現商769）および船荷証券の謄本（現商770）についてとくに規定を設けている。しかし、その他の事項については、すべて貨物引換証に関する規定の準用に委ねている（現商776→572～575、584）。

商法の船荷証券に関する規定は、わが国内航行の規整法であるがゆえ

---

[132] 同前第2部第3、2(8)ウ参照。
[133] 同前第2部第3、2(8)エ参照。

に、当然に内航船に関するものである。外航船の運送人が発行する船荷証券は、国際海上物品運送法の定めるところによる。現行国際海上物品運送法は、船荷証券の作成・交付、船積船荷証券と受取船荷証券との関係（以上、現国際海運6、7）、荷送人の通告（現国際海運8）、不実記載の効果（現国際海運9）につき特別規定を設けているが、一般的には、商法の貨物引換証・船荷証券の規定を準用する形式で立法されている（現国際海運10→現商573～575、584、770～775）。

現行商法・現行国際海上物品運送法の形式からいうと、貨物引換証に関する規定が船荷証券に準用されているけれども、これは、現行の法典上、貨物引換証の方が船荷証券よりも前に規定されているために、その体裁を重んじたものにすぎない[134]。船荷証券の制度の方が歴史的にも古く、貨物引換証は、海上運送における船荷証券の制度を陸上運送に応用したものだったのである。

先に述べたように（3-18-1）、改正商法（案）は、貨物引換証に係る規定を削除した。したがって、今後は、運送債権を表章する基本的な有価証券の地位は、船荷証券が占めることとなる。これだけでも、法典の体裁を整える改正が必要となるが、今次の改正は、それにとどまるものではない。

上に述べたように、現行法上の船荷証券は、商法上のものと国際海上物品運送法上のものとがあり、両者の規律は必ずしも一致しない。これは、船荷証券統一条約を批准すべきとの要望がなされた昭和30年（1955年）頃において、早急にこれを実現するため、当面は、国際海上物品運送に限って、条約の実質的内容を採り入れた特別法を制定し、国内海上物品運送については、商法典中海商編の改正時期まで現状を維持するとされたことによる[135]。この特別法がすなわち国際海上物品運送法であり、制定されたのは昭和32年（1957年）のことである（同年法律第172号）。なお、同法は、1968年（昭和43年）の統一条約改正議定書および1979年（昭和54年）の統一条約改正議定書を摂取して改正がなされており、改正後の船荷証券統一条約と同一の内容になっている[136]。

---

[134] 拙著『商法学通論Ⅴ』（信山社・2013年）38頁。
[135] 補足説明第2部第3、4(1)ア。

現在の実務上、国内海上物品運送について船荷証券が発行される例は稀であるともいわれるが、上の経緯に照らすと、今次の改正に当たり、2種類の船荷証券に関する規律をそのまま存置することは相当でない[137]。それゆえ、今次改正（案）は、一般法である商法典中の船荷証券に関する規定を見直すとともに、これに相当する現行国際海上物品運送法の規定を削除し（現行国際海上物品運送法6条ないし10条の削除）、基本規定を商法典中の規定としたうえで、外航船の船荷証券については、商法の規定を準用することとした（改正国際海上物品法（案）15条による準用）。

　改正商法（案）は、第3編第3章第3節に「船荷証券等」との節題を付し、757条ないし769条の規定を設けている。

◆ 6-2　船荷証券の交付義務

　改正商法（案）757条は、現行商法767条および同768条に代わるものである。基本的に、現行国際海上物品運送法6条を承継している。

　現行商法と比較すれば、交付主体（発行主体）を船舶所有者またはその代理人（船長）ではなく、運送人（または船長）としている。船荷証券は、運送契約に基づく運送債権を表章するものであるから、発行権者が運送人であること、当然であって、改正商法（案）757条1項は、いわゆる運送人船荷証券の交付義務を明らかにしたものである。

　数通発行の許容は、現行商法と同様である。数通発行は、証券送付途上での紛失や盗難に備える趣旨である。数通発行された場合、手形の複本と同様に、各通の証券はいずれも正本たる船荷証券として独立の効力を有する[138]。

　現行商法767条だけを単体として眺めれば、同条は、「船積後遅滞ナク」船荷証券を交付しなければならないようにも読める。すなわち、「船積船荷証券」の発行を要求しているかのごとくである。しかし、実際の取扱上、船積後に船荷証券を発行されても、荷送人は、荷為替を組んでこれをもって金融の便を受けたり、また本船メールで船荷証券を荷

---

[136]　中村：箱井・注(52)前掲148-149頁。
[137]　補足説明第2部第3、4(1)ア参照。
[138]　中村：箱井・注(52)前掲172頁。

受人に送付することが困難となり、甚だ不便である。そのために、海運の実務においては、運送品を受け取っただけで船積前に「受取船荷証券」を発行する習慣の誕生をみた[139]。受取船荷証券の慣行は、海運実務と海上売買の実際の需要の産物である。改正商法（案）757条1項後段は、受取船荷証券の有効性を認めるものである。

改正商法（案）757条2項は、受取船荷証券の船積船荷証券への転換の場合を規整するものである。

改正商法（案）757条3項は、海上運送状が現に発行されている場合の船荷証券交付義務の適用除外を定めるものであるが、海上運送状については後述する（7参照）。

◆6-3 船荷証券の記載事項

改正商法（案）758条は、現行商法769条に代わるものである。これまた、現行国際海上物品運送法7条を基本的に承継している。

改正商法（案）758条1項によれば、船荷証券の記載事項は以下のとおりである（受取船荷証券にあっては、下記⑦および⑧を除く）。すなわち、①運送品の種類、②運送品の容積もしくは重量または包もしくは個品の数および運送品の記号、③外部から認められる運送品の状態、④荷送人または傭船者の氏名または名称、⑤荷受人の氏名または名称、⑥運送人の氏名または名称、⑦船舶の名称、⑧船積港および船積みの年月日、⑨陸揚港、⑩運送賃、⑪数通の船荷証券を作成したときは、その数、⑫作成地および作成の年月日、である。以上を記載のうえ、運送人または船長がこれに署名または記名押印することを要する。現行国際海上物品運送法7条1項と比較すると、⑦のうちから船舶の国籍が削られている。これは、実務上、船荷証券に記載されないことが通常であるため削除されたものである[140]。

改正商法（案）758条2項は、受取船荷証券の船積船荷証券への転換請求があった場合を規整するものである。

上のように、船荷証券は、要式証券であるが、いわゆる厳格な要式証

---

[139] 戸田・注(82)前掲132頁。
[140] 補足説明第2部第3、4(2)参照。

券ではないこと、貨物引換証と同様である。この点は、貨物引換証の説明に譲る。法定記載事項以外の記載についても同様である。通論・本巻Ⅴ40頁を参照されたい。

◈ 6-4 謄本の交付

現行商法770条（現行国際海上物品運送法も、同20条1項が商法の規定を準用する）は、傭船者または荷送人が、船長等の請求により、船荷証券の謄本を交付しなければならないと定める。しかし、実務上、傭船者または荷送人は、運送人に対し、船積みに際して運送品に関する情報を事前にデータ送信したり、船荷証券の記載事項に係る情報を事後的に提供したりしており、船長等から船荷証券の謄本の交付請求がなされることはないため[141]、改正法（案）は、同条を削除している。

◈ 6-5 荷送人または傭船者の通知

改正商法（案）759条は、現行国際海上物品運送法8条の規律を基本的に承継するものである。

改正商法（案）759条1項によれば、①運送品の種類、②運送品の容積もしくは重量または包もしくは個品の数および運送品の記号、について荷送人または傭船者からの書面または電磁的方法による通知があったときは、その通知に従ってその事項を記載しなければならないとされている。この規律は、信用状取引が行われる場合、船積書類の中心としての船荷証券になされる運送品に関する記載が信用状条件と厳格に一致している必要があるから、運送人が荷送人等からの通知に従った記載を原則として拒めないことを定めたものである[142]と説かれる。運送品に関する記載事項のうち、外部から認められる運送品の状態は、運送人自らが判断して記載すべきものであるから、通知に従った記載は認められていない[143]。本条本項を現行国際海上物品運送法8条1項と比較すれば、書面による通知に加えて、電磁的方法による通知が新たに認められている。

---

[141] 同前第2部第3、4(3)。
[142] 中村：箱井・注(52)前掲189頁。
[143] 同前。

改正商法（案）759条2項前段によれば、①荷送人等からの通知が正確でないと信ずべき正当な理由があるとき、②荷送人等からの通知が正確であることを確認する適当な方法がないとき、には、運送人は荷送人等からの通知に従って記載する義務を負わない。船荷証券の不実記載に基づく運送人の責任（改商（案）760）とのバランスに配慮するものであると評価できる。すなわち、荷送人等と運送人との間の利益調整規定である。

　改正商法（案）759条2項後段によれば、運送品の記号について、運送品またはその容器もしくは包装に航海の終了の時まで判読に堪える表示がなされていない場合も、運送人は、通知どおりの記載義務を負わない。これは、船荷証券統一条約が、運送品の主要記号は航海の終了まで判読に堪えるよう明瞭に表示されるべきことを求めているのを受けた規定であるが、本条本項後段は通知どおりに記載する運送人の義務を免除するものとして規定されており、条約と顕著な相違が認められる[144]との指摘がある。かかる指摘をする論者からは、主要記号およびこれに類する記載は、運送品の引渡しにとって重要な記載であるから、もし不十分な記載しかなされていなければ運送人はこれを補正するよう求めるべきであって、本条本項後段が単に通知に従った記載義務を免れるとする点には立法論としても疑問が残る[145]との批判が寄せられている。

　改正商法（案）759条3項は、荷送人または傭船者が、運送人に対し、通知が不正確であることによって生じた損害を賠償する責任を負う旨を規定している。これに対し、現行国際海上物品運送法8条3項は、荷送人は、運送人に対し、通知が正確であることを担保すると規定し、荷送人が通知の正確性の担保責任を負うという体裁を採っている。その性質が担保責任であっても、結果的に船荷証券に不実記載がなされ、運送人が善意の所持人に対して責任を負うことになれば、不実の通知に基づく記載であることを証明した運送人は、荷送人に求償権を行使できるわけであるから、効果は同じである。現行国際海上物品運送法8条3項の荷送人の担保責任を無過失責任と解するものがあるが[146]、本条本項の損害

---

[144]　同前190頁。
[145]　同前。

賠償責任も同様であると解すべきであろう。そう解する方が、船荷証券の記載を正確ならしむるに資すると思えるからである。

6-6 船荷証券の不実記載

現行商法776条によって、同572条が準用されるので、船荷証券が作成されたときは、運送に関する事項は、運送人と所持人との間では、船荷証券の記載によって定まる。これすなわち、船荷証券を文言証券たらしめる規定である。他方、現行国際海上物品運送法9条によれば、「運送人は、船荷証券の記載が事実と異なることをもつて善意の船荷証券所持人に対抗することができない。」とされている。この国際海上物品運送法の規定は、1968年(昭和43年)の船荷証券統一条約改正議定書および1979年(昭和54年)の同改正議定書を摂取した平成4年(1992年)改正に際して設けられたものである[147]。この規定によれば、運送人は、善意の所持人に対しては証券に記載されたところに従って責任を負わなければならない。したがって、現行商法の規定と現行国際海上物品運送法の規律に実質的な差異はなく[148]、国際海上物品運送法上の運送人も証券記載どおりの責任、すなわち文言責任を負い、この船荷証券にもまた文言的効力が付与されている[149]と説かれてきた。

以上を踏まえて、改正商法(案)760条は、船荷証券の文言証券性を規定するにあたり、現行国際海上物品運送法9条の表現をそのまま承継したのである。

船荷証券の債権的効力に関しては、貨物引換証の債権的効力に関して考究した管見を、さしあたり維持したいと考える。通論・本巻Ⅴ49頁以下を参照されたい。

6-7 運送品に関する処分

改正商法(案)761条は、船荷証券の処分証券性を明らかにした規定

---

[146] 村田・注(54)前掲172頁。
[147] 中村・箱井・注(52)前掲193頁。
[148] 箱井・注(103)前掲103頁。
[149] 村田・注(54)前掲149頁。

である。現行商法776条が、貨物引換証の処分証券性を規定した同573条を準用しているのを改めたものである。

本条の処分証券性については、貨物引換証の処分証券性の説明に譲る。通論・本巻Ⅴ72頁を参照されたい。

◆ 6-8 船荷証券の譲渡または質入れ

改正商法（案）762条は、船荷証券が法律上当然の指図証券であることを明らかにするものである。現行商法776条が、貨物引換証に係る同574条を準用しているのを改めたものである。改正商法（案）762条は、原則として質入裏書が可能であることをも明らかにしている。

船荷証券の流通についても、貨物引換証の流通についての説明に譲る。通論・本巻Ⅴ48頁を参照されたい。

◆ 6-9 船荷証券の引渡しの効力

改正商法（案）763条は、船荷証券の物権的効力を定めるものである。現行商法776条が、貨物引換証に係る同575条を準用しているのを改めたものである。

船荷証券の物権的効力に関しても、貨物引換証のそれについての説明に譲る。通論・本巻Ⅴ63頁以下を参照されたい。

◆ 6-10 運送品の引渡請求

改正商法（案）764条は、船荷証券の受戻証券性を定めるものである。現行商法776条が、貨物引換証に係る同584条を準用しているのを改めたものである。

◆ 6-11 数通の船荷証券を作成した場合における運送品の引渡し

改正商法（案）765条1項は、現行商法771条の規律を引き継ぐものである。

先に述べたように（6-2）、船荷証券は数通の発行（複本）を許される。数通発行の場合、各船荷証券はいずれも同一の運送債権を表章する有価証券であって、その効力に優劣はない。したがって、各所持人は、

その1通により、運送債権の行使を許される。逆にいえば、陸揚港において、海上運送人が、数通の船荷証券のうち1通の所持人から運送品の引渡しの請求を受けたときは、運送人は、他の船荷証券の提供がないことをもって、運送品の引渡しを拒むことができない。さもなくば、数通発行すなわち複本制度を認めた意味がなくなるからである(150)。

改正商法（案）766条は、現行商法774条の規律を引き継ぐものである。上のようにして、複数の証券所持人のうちの1人が運送人から運送品の引渡しを受けたときは、他の船荷証券は効力を失う。

改正商法（案）765条2項は、現行商法772条の規律を引き継ぐものである。数通発行の場合に、陸揚港以外の地において、運送人が運送品の引渡請求を受けたときには、船荷証券全通の返還を受けなければ、運送品を引き渡すことをえない。陸揚港だけが運送品の引渡しをなすものとして予定されているからである(151)。観方を変えると、陸揚港以外における引渡請求は、運送品処分権（改商（案）580、768）に基づく処分であると考えられる（運送契約の内容の変更）。したがって、陸揚港以外における引渡請求にとどまらず、一般に運送品処分権に基づく処分をなす場合には、船荷証券全通との引換えによらなければならないと解すべきであろう。

◆ 6-12 2人以上の船荷証券の所持人から請求を受けた場合の供託

改正商法（案）767条1項および同2項は、現行商法773条の後継規定である。

現行商法773条によれば、2人以上の複本所持人が運送人に対して競合する形で運送品の引渡しの請求をした場合には、運送人に権利者の確定を判断させるのは妥当でないので(152)、運送人は、引渡しの未了である運送品を遅滞なく供託し（義務供託）、かつ引渡請求をした各複本所持人に対してその旨の通知を発しなければならない。運送品の一部につい

---

(150) 中村：箱井・注(52)前掲226頁。
(151) 同前227頁。
(152) 同前226頁、石井・注(78)前掲239頁。

てすでに引渡しがなされた後、残部について他の所持人から引渡しの請求がなされたときも同様である。

改正商法（案）767条1項は、上の義務供託を権利供託へと変更している。複数の船荷証券所持人があるために引渡しが遅れて損害を被ることになる運送人を保護する趣旨からは、義務供託ではなく、債権者不確知の場合（民494Ⅱ）と同様に権利供託を認めれば足りることから[153]、このように改められた。

改正商法（案）767条2項は、運送人が供託をしたときは、遅滞なく、引渡請求をした各複本所持人に対してその旨の通知を発しなければならないとするもので、現行規律と同様である。

改正商法（案）767条3項は、現行商法775条の後継規定である。運送品が供託された場合においては、各証券所持人の間では、最も先に発送され、または引き渡された船荷証券の所持人が他の所持人に優先する。現行規律がそのまま維持されている。このような規律は、紛争解決のための便宜的な措置であって、法理論的に当然の措置ではない[154]とする見解もあるが、船荷証券の物権的効力によるものと観るべきであろう。原所持人から時間的に最も早く船荷証券を取得した者が第1に運送品の占有を取得しているからである[155]。

◆ 6-13 船荷証券が作成された場合の特則

改正商法（案）768条は、船荷証券が作成された場合の商法商行為編の物品運送に係る規定の適用に関する特則を定めるものである。

船荷証券の所持人は、運送人に対し、運送品処分権を有する（改商（案）580参照）。この点、現行商法の準用規定上は必ずしも明確ではないが、現行国際海上物品運送法20条2項は、貨物引換証の所持人に運送品処分権を認める現行商法582条1項を準用している。

改正商法（案）581条（荷受人の権利義務等）、同（案）582条2項（荷受人不確知の場合における指図すべき旨の荷送人に対する催告）および同

---

(153) 補足説明第2部第3、4(6)参照。
(154) 村田・注(54)前掲199頁。
(155) 中村：箱井・注(52)前掲227頁、石井・注(78)前掲239頁。

（案）587条ただし書（荷受人があらかじめ荷送人の委託による運送を拒んでいた場合の、荷送人から運送を引き受けた運送人の荷受人に対する運送品の滅失等についての不法行為による損害賠償責任に係る諸規定（改商（案）576、577、584、585）の準用除外）の規定は、船荷証券が発行されている場合には適用がない。

◆ 6-14 複合運送証券

　改正商法（案）769条は、新設規定である。

　実務上、陸上運送および海上運送をひとつの契約で引き受ける複合運送（改商（案）578Ⅰ参照）について、複合運送証券が発行されているが、その法律関係をめぐる明文の規定は存しない[156]。それゆえ、改正商法（案）は、新たに本条を設けたのである。

　改正商法（案）769条1項によれば、運送人または船長は、複合運送契約を引き受けたときは、荷送人の請求により、運送品の船積みの後遅滞なく、船積複合運送証券の1通または数通を交付することを要するが、運送品の受取りの後に船積みの前においても、荷送人の請求により、受取複合運送証券の1通または数通を交付しなければならない。

　改正商法（案）769条2項は、準用規定である。船荷証券の法定記載事項である同（案）758条1項が準用されるが、記載事項に「発送地及び到達地」が追加される。他に準用されるのは、同（案）757条2項（海上運送状が交付されているときの交付義務適用除外）、同（案）758条2項（受取船荷証券の船積船荷証券への転換）、同（案）759条（荷送人または傭船者の通知）、同（案）760条（船荷証券の不実記載――文言証券性）、同（案）761条（運送品に関する処分――処分証券性）、同（案）762条（運送品の譲渡または質入れ――法律上当然の指図証券性）、同（案）763条（船荷証券の引渡しの効力――物権的効力）、同（案）764条（運送品の引渡しの請求――受戻証券性）、同（案）765条ないし同（案）767条（数通の船荷証券を作成した場合における運送品の引渡し）および同（案）768条（船荷証券が作成された場合の特則）である。

---

[156]　補足説明第2部第3、4(7)。

● 7 ● 海上運送状

◆ 7-1 緒　言

　現行商法には、海上運送状に関する定めは設けられていない。

　海上運送状（Sea waybill）とは、運送人が、運送品の受取りを証明し、かつ、運送条件を知らせるために、荷送人に対して発行する運送書類であり、船荷証券に代えて利用されるものである[157]。有価証券ではなく証拠証券に属すると解されている[158]。

　現代にあっては、船舶の高速化等により、船舶が目的地に到達した時に船荷証券が荷受人に届いていない例が現れ（船荷証券の危機）、近時の実務では、グループ企業間の取引等において、船荷証券ではなく、受戻証券性を有しない海上運送状が利用されることも多い[159]。受戻証券でないため、運送品の引渡しに際して、海上運送状を回収する必要がない。運送品の到着が早くなり、船荷証券の到着が遅れた場合に行われる保証渡しの慣行を回避するための手段としても注目されている[160]。

　海上運送状に関しては、1990年（平成2年）に万国海法会（Comité Maritime International）による「海上運送状に関するCMI統一規則（CMI Uniform Rules for Sea Waybills）」が採択されている（同年6月28日、CMI採択）。その後、イギリス、中国、韓国、ドイツなど諸外国の法制でも海上運送状に関する規定を設けるものが増えている[161]。

　改正商法（案）は、その第3編第3章第4節に「海上運送状」という節題を付し、その法律関係を明確にすべく、規定を設けることとした。

◆ 7-2 改正商法(案)の規整

　改正商法（案）770条は、運送品について現に船荷証券が交付されているときを除き（本条4項参照）、海上運送状を規整する目的で設けられ

---

[157] 中村・箱井・注(52)前掲167頁。
[158] 江頭憲治郎『商取引法(第7版)』（弘文堂・2013年）299頁脚注(6)参照。
[159] 補足説明第2部第3、5(1)。
[160] 中村・箱井・注(52)前掲167頁。
[161] 補足説明第2部第3、5(1)。

たものである。

　改正商法（案）770条１項は、海上運送状の交付義務を定めるものである。すなわち、運送人または船長は、荷送人または傭船者の請求があれば、船積みの後にあっては遅滞なく船積みがあった旨を記載した海上運送状を、船積みの前においても、その受取りがあった旨を記載した海上運送状を交付しなければならない。その規定ぶりは、船荷証券の交付義務に係る改正商法（案）757条１項と同様であるが、本条本項には、発行に係る通数への言及がない。ただし、数通発行は、次項を見れば明らかなように、当然に認められる。

　改正商法（案）770条２項は、海上運送状の法定記載事項を定めるものである。本条本項１号および同２号によれば、その記載事項は、基本的に船荷証券と同じである（改商（案）758Ⅰ参照）。ただし、海上運送状への署名等は法定されていない。実務の慣行に委ねる趣旨であろう。

　改正商法（案）770条３項は、海上運送状の書面による交付に代えて、電磁的方法による提供の途を与えるものである。

　繰り返し述べるように、海上運送状は有価証券ではない。それゆえ、提示証券性や受戻証券性を付与する規律は設けられていない。

　先に述べた海上運送状に関するCMI統一規則５条２項によれば、運送人による留保がない限り、海上運送状またはこれに類する運送書類における物品の数量または状態に関するいかなる表示も、（a）運送人と荷送人との間においては、そこに表明された物品の受取りの一応の証拠となるものとする、（b）運送人と荷受人との間においては、荷受人が善意である限り、そのように表明された物品受取りの確証となるものとし、かつ、反証は許されないものとする、とされている[162]。これは、海上運送状の文言証券性を声明するものである。しかし、改正商法（案）は、上の規律を明文として採り入れることをしなかった。これは、仮に、商法上の海上運送状にこのような強い効力を法律上当然に認めることとすると、その前提として海上運送状の定義を厳格に定める必要があるとの指摘や、現在の実務のように、CMI統一規則の規律を採り入れるか否かを当事者の判断に委ねれば足りるとの指摘[163]を受けたものであろう。

　結局、改正商法（案）の立場は、運送品についての権利を輾転流通さ

せることを予定するか否か等の取引上の需要に応じ、当事者が船荷証券または海上運送状のいずれを発行するかを選択しうること（改商（案）757Ⅲ、770Ⅳ参照）、また、海上運送状を発行する場合には、運送人の文言責任に関する規律を含むCMI統一規則を採り入れるか否かを当事者が選択しうることなどを前提にしている[164]。荷送人から荷受人に運送品処分権を移転できるとする同規則6条の定めの採用の選択についても同様なのであろう。改正商法（案）770条を置くことにより、一部の実務にみられる海上運送状の不十分な記載という状況を改善し、ひいては、海上運送状の適切な利用を促進することを目的としているのである[165]。

● 8 ● 運送取扱営業

運送取扱営業については、今次改正（案）は、大きな改変をしているわけではないと観察しうる。すなわち、相変わらず「物品運送の取次ぎ」という企業取引類型のみを規整の対象としている。もっとも、本来的な営業であるところの運送営業を基本に据えたため、現行商法が、運送営業について、運送取扱営業の規定の多くを準用していた（現商589）のを改め、改正商法（案）では、むしろ物品運送に関する規定を運送取扱営業に準用するという形式に改めている（改商（案）564）。また、物品運送に係る改正商法（案）の規整が、運送の地域を問わない一般的規律

---

[162] CMI統一規則5条（Description of Goods）2項の定めは、以下のとおりである。

(ii) In the absence of reservation by the carrier, any statement in a sea waybill or smilar document as to the quantity or condition of the goods shall
(a) as between the carrier and the shipper be prima facie evidence of receipt of the goods as so stated;
(b) as between the carrier and the consignee be conclusive evidence of receipt of the goods as so stated, and proof to the contrary shall not be permitted, provided always that the consignee has acted in good faith.

[163] 補足説明第2部第3、5(2)参照。
[164] 同前第2部第3、5(3)参照。
[165] 同前参照。

とされたことにより、運送取扱営業の規整にも、そのような性格が付与されたものと考えられる。

　改正商法（案）559条の定義規定は、現行商法559条を現代語化したものにすぎず、その内容は変わらない。

　改正商法（案）560条の運送取扱人の責任についても、現行商法560条の規律が維持されている。運送人の責任と同様、過失責任主義が維持されている。本条の「運送取扱人」には、履行補助者が含意されていると解すべきであろう。

　改正商法（案）561条の報酬請求権に係る規定は、現行商法561条を現代語化したにすぎない。

　改正商法（案）562条の留置権に係る規定は、被担保債権の範囲に変更を見る。これは、改正商法（案）574条に平仄を合わせたものである（3-5参照）。

　改正商法（案）563条は、現行商法565条の介入権に係る規定を引き継ぐものである。現行商法565条1項においては、運送取扱人は、「特約ナキトキハ」自ら運送をなすことができると規定されているが、改正商法（案）563条1項は、介入を禁止する特約がない限りという明定部分を削っている。これはおそらく、問屋の介入権に係る商法551条の解釈において、問屋が介入権行使を許される要件のうちに、委託者が明示または黙示に介入を禁じていないことを要することが当然に含まれていることを勘案したものであろう[166]。つまり、現行商法565条1項の「特約ナキトキハ」という文言は余分である。よって、これを削ったからといって、改正前と実質的な変更はない。改正商法（案）563条2項は、「貨物引換証」を「船荷証券又は複合運送証券」に置き換えて、現行法を現代語化したにすぎない。

　改正商法（案）564条は準用規定である。あえていえば、現行商法568条の後継規定であるが、準用条文数がはるかに増えている。冒頭で述べたように、改正商法（案）は、運送営業を基本に据え、その条文の多くを運送取扱営業に準用するという形式に改められたからである。

---

[166]　拙著『商法学通論Ⅱ』（信山社・2011年）110頁参照。

準用されるのは、まず、①危険物に関する通知義務（改商（案）572）である。次いで、②高価品に関する特則（改商（案）577）、この準用は現行商法にもみられる（現商568→578）。③相次運送人の権利義務（改商（案）579Ⅰ・Ⅱ・Ⅳ）、これは実質的に中間運送取扱人の権利義務に係る現行商法563条、同564条を引き継ぐものである。④荷受人の権利義務等（改商（案）581）、この準用は現行商法においても同様である（現商568→583）。⑤運送人の責任の消滅（改商（案）585）、これは現行商法566条の後継規定という位置づけであるが、運送人の責任の消滅に平仄を合わせたものである（3-14参照）。⑥運送人の債権の消滅時効（改商（案）586）、これは現行商法567条の後継規定である。⑦運送人の不法行為責任との競合（改商（案）587――ただし、同577、585の規定の準用部分に限る）、これについては、3-16参照のこと。⑧運送人の被用者の不法行為責任（改商（案）588）、以上である。

● 9 ● 物流に係るその他の改正――倉庫営業

　倉庫営業については、条文番号のずれ以上に、倉庫証券に関して、いわゆる併用主義を廃して、単券主義に一本化される点が重要である。

　改正商法（案）599条にみる倉庫営業者の定義については、現行商法597条を現代語化したにすぎない。

　改正商法（案）600条の倉荷証券交付義務は、現行商法598条、同627条の後継規定である。現行商法は、形式上は、複券主義を原則とし、倉庫営業者は、寄託者の請求により、預証券および質入証券を発行しなければならず、ただ、寄託者の請求があるときはこれらに代えて倉荷証券を発行することとしている。そして、倉荷証券には、預証券に関する規定が準用される。しかし、現在の取引では、もっぱら倉荷証券が利用され、複券は倉庫営業者側に印刷用紙の準備もないほど空文化しているといわれる[167]。それゆえ、改正商法（案）は、単券主義に舵を切ったのであろう。これによって、倉荷証券に係る規定は、簡明になった。あるい

---

[167] 拙著・注[134]前掲75頁。なお、立法の変遷等につき、同74-76頁参照のこと。

は、悪くいえば、平板になった。

　改正商法（案）601条は、倉荷証券の法定記載事項を定めるものであり、現行商法627条２項、同599条の後継規定である。基本的に預証券に係る現行商法599条の法定記載事項を引き継いでいる。

　改正商法（案）602条は、倉荷証券の発行に係る帳簿の作成義務を定めるものであり、現行商法627条２項、同600条の後継規定である。帳簿の法定記載事項は変わらない。

　改正商法（案）603条は、寄託物の分割請求にともなう各部分に対する倉荷証券交付請求を定めるものであり、現行商法627条２項、同601条の後継規定である。手続そのものは、同601条に定めるところと変わらない。

　改正商法（案）604条は、倉荷証券の文言証券性を定めるものであり、現行商法627条２項、同602条の後継規定である。ただし、その表現は、船荷証券の文言証券性（債権的効力）を定める改正商法（案）760条に平仄を合わせている。

　改正商法（案）605条は、倉荷証券の処分証券性を定めるものである。現行商法では、同627条２項により、同604条を準用し、さらに同573条を準用しているが、（貨物引換証の廃止にともない）準用を止めて独立の条文としたものである。

　改正商法（案）606条は、倉荷証券が法律上当然の指図証券であることを定めるものであり、現行商法627条２項、同603条１項の後継規定である。複券制の廃止により、現行商法603条２項は削られる。

　改正商法（案）607条は、倉荷証券の物権的効力を定めるものである。現行商法では、同627条２項により、同604条を準用し、さらに同575条を準用しているが、（貨物引換証の廃止にともない）準用を止めて独立の条文としたものである。

　改正商法（案）608条は、倉荷証券の再発行に係る特則である。現行商法627条２項、同605条の規律を引き継ぐものである。

　改正商法（案）609条は、寄託者または倉荷証券所持人の倉庫営業者に対する寄託物点検等の権利を定めるものである。複券制の廃止により、現行商法616条１項の「預証券ノ所持人」を「倉荷証券の所持人」に変

更して現代語化したものである。なお、同様の理由により、現行商法616条2項は削られる。

　改正商法（案）610条は、倉庫営業者の寄託物保管責任を定めるものであり、現行商法617条の後継規定である。本条の「倉庫営業者」もまた、履行補助者を含意すると解すべきであろう。過失責任主義を維持すること、現行法と同様である。

　改正商法（案）611条は、保管料等の支払時期等に係る規定である。現行商法618条を現代語化して承継したものである。

　改正商法（案）612条は、寄託物の返還の制限に係る規定である。現行商法619条を現代語化して承継したものである。

　改正商法（案）613条は、倉荷証券の受戻証券性を定めるものである。複券制の廃止により、現行商法620条の「預証券及ヒ質入証券」を「倉荷証券」に変更して現代語化したものである。

　改正商法（案）614条は、倉荷証券による寄託物質入れの場合の一部出庫請求を定めるものである。現行商法628条の規定を現代語化して承継するものである。

　改正商法（案）615条は、倉庫営業者の供託・競売権を定めるものであり、現行商法624条1項前段を現代語化して承継するものである。商事売買における売主の目的物供託・競売権を準用するのは変わらない。現行商法624条1項後段および同2項は、複券制の廃止により、削られる。

　改正商法（案）616条は、倉庫営業者の責任の特別消滅事由に係る規定である。現行商法625条が同588条（運送人の責任の消滅）を準用しているのを改め、独立の条文としたものである。

　改正商法（案）617条は、倉庫営業者の責任に係る債権の消滅時効に係る規定である。複券制の廃止により、「預証券」を「倉荷証券」に変更の上、現行商法626条の規定を現代語化して承継するものである。

　上に言及したものの他、複券制の廃止にともなって削除される現行商法の条文は、以下のとおりである。すなわち、現行商法606条ないし615条、同621条ないし同623条である。

●10● 寄託の条文番号

　今般の運送法制の大幅な見直しにより、寄託総則の現行商法の条文番号が変更されている。現行商法593条ないし同596条は、改正商法（案）595条ないし同（案）598条となり、現代語化された。

〔商法第 2 編第 8 章条文対照表〕

以下の対照については、異論があるかも知れないが、改正法（案）を基準に、条文の対照表を作成することを試みた。

改正法（案）	現行法
569	569
570	―
571 Ⅰ	570
571 Ⅱ	―
572	―
573 Ⅰ	―
573 Ⅱ	576 Ⅰ
573 Ⅲ	576 Ⅱ
574	589→562
575	577
576 Ⅰ	580 Ⅰ・Ⅱ
576 Ⅱ	580 Ⅲ
576 Ⅲ	581
577 Ⅰ	578
577 Ⅱ	―
578	―
579 Ⅰ・Ⅱ	589→563
579 Ⅲ	579
579 Ⅳ	―
580	582 Ⅰ
581 Ⅰ・Ⅱ	583 Ⅰ
581 Ⅲ	583 Ⅱ
582・583	585〜587、754、757 Ⅰ・Ⅱ
584 Ⅰ・Ⅱ	588
584 Ⅲ	―
585	589→566、国際海運14
586	589→567

587	—
588	—
589	—
590	590 Ⅰ
591 Ⅰ	786 Ⅰ→739 Ⅰ
591 Ⅱ	—
592 Ⅰ	591 Ⅰ
592 Ⅱ	—
592 Ⅲ～Ⅵ	591 Ⅱ
593 Ⅰ	592
593 Ⅱ	—
594	786 Ⅰ→765、平29改前民174④

〔商法第3編第3章条文対照表〕

以下の対照についても、第2編第8章の対照表以上に異論があるかも知れない。同じく改正法（案）を基準にしている。

改正法（案）	現行法
737	749
738	751
739 Ⅰ	国際海運5
739 Ⅱ	739
740 Ⅰ	740 Ⅰ本文
740 Ⅱ	740 Ⅰただし書
740 Ⅲ	740 Ⅱ
741	753
742	757
743	750→748 Ⅰ・Ⅱ、748 Ⅲ→745 Ⅲ
744	750→748 Ⅲ→745 Ⅰ
745	750→748 Ⅱ、748 Ⅲ→747
746	764②
747	—

748 I	741 I
748 II	741 II 前段・III
748 III	741 II 後段
749 I	742前段
749 II	742後段
750	743
751前段	744 I
751後段	744 II
752 I	752 I
752 II	752 II 前段・III
752 III	752 II 後段
753	745
754	747
755（準用規定）	―
756（準用規定）	―
757	767、768、国際海運6
758	769、国際海運7
759	国際海運8
760	776→572、国際海運9
761	776→573
762	776→574
763	776→575
764	776→584
765 I	771
765 II	772
766	774
767 I・II	773
767 III	775
768	―
769	―
770	―

〔補遺〕「非取締役会設置会社」なる用語について
　周知のように、現行会社法は、かつての有限会社法制を株式会社法制中に吸収し、株式会社の機関設計を柔軟なものとしたから、株式会社のうちには、取締役会を設置していない会社が存在する。
　取締役会を設置しない株式会社について、今日、「非取締役会設置会社」なる用語が一般化しつつある。
　この用語について、私は、以下のような管見を有しており、自分の著作物の中でこの用語を使おうとは思わない。この機会に、世の会社法研究者に問うてみたい。
　もちろん私は、国文学の門外漢であるから、これから披瀝する管見は、あるいは誤謬に満ちたものであるかも知れないが、暫しお付き合い願いたい。
　前提として、これは現代中国人が記す現代中国語を取り上げるものではなく、現代日本人が記す日本の漢文（こう書いてみると奇異な感はあるが）を取り上げての話である。
　まず「非」という漢字から始めよう。この漢字は、名詞または形容動詞の頭に付いて、否定の意で用いられる（国文学者の中には、形容動詞という品詞を認めない者もいるので、日本語（口語体）という言語は、それだけ曖昧、良くいえば完成途上にある言語といえる）。
　この漢字を用いた卑近な例を挙げよう。身近なものに「非鉄金属」という表現がある。これを読み下せば、「鉄に非ざる金属」となる。つまり、ここで用いられる「非」は、指し示す対象が金属であることを否定しているわけではない。指示対象が金属であることを認めつつ、それが鉄ではないことを明らかにしているのであって、この「非」は「鉄」という名詞のみを否定しているのである。正しくは、決して「金属」には掛からない。
　上の構文と平仄を合わせて観察すると、会社法上の学術用語である「非公開会社」や「非大会社」という用語は、「非鉄金属」と同様の文法構造から成っていることが分かる。両者共に、指示対象が「会社」であることを否定するものではなく、これが会社であると認めつつ、「公開に非ざる会社」あるいは「大きなるに非ざる会社」と読み下すべきこと

になるのである。前者は、「公開」という名詞のみを否定し、後者は、「大きなる」という形容動詞のみを否定しているわけである（なお、「大きい」は形容詞ではないかと指摘される人もあろうかと思うが、元来、「大きい」は「大きなる」という文語体由来の形容動詞が、現代の口語体の中で形容詞に変容しつつあるものである。したがって、口語体としては、「大きな古時計」も「大きい古時計」も共に正しい、念のため）。

　以上を踏まえて考えると、「非取締役会設置会社」という用語は、構文上、明らかに上で述べた諸用語の用法と異なっており、管見によれば、文法として不自然であると思われる。そもそもこの「非」は、何を否定しているのであろうか。

　この用語を好意的に捉えるなら、これを読み下せば「取締役会設置会社に非ず」とする以外にないから、この「非」は、以下に続く全単語を否定しているといわざるをえない。つまりは、「取締役会」「設置」「会社」という3つの名詞を全て否定するという用法であると解すべきことになる（なお、「設置」は、その単語自体は名詞であり、「設置する」と書けば、サ行変格活用他動詞になるし、「設け置く」と書けば、カ行5段（4段）活用他動詞になる）。そうであるとすれば、構文の異なる「非取締役会設置会社」という用語を、漫然と「非公開会社」や「非大会社」と同義同列に記載して用いるのは、誤りなのではなかろうか。

　他の構文と平仄を合わせ、会社であることを認容しつつ、それがどのような類型の会社であるかを指し示すのであれば、「取締役会を設置しない会社」という内容の表記にすべきであり、そのためには、「設置」という名詞のみを否定しなければならない。したがって、「取締役会非設置会社」または「取締役会不設置会社」と表記すべきが正しいということになりはしないか。

　ちなみに、「不」と「非」の用法の差異は、私にも良く分からない。「不」は体言の頭に付いてこれを否定すると一般的に説明されるけれども、少なからぬ国語辞典には、たとえば「不合理」と「非合理」とが共に収録されており、浅学の私には、その差異が良く分からない（他にも、「仁義礼智信」は儒教上の重要な5つの道徳観念を併称しているが、併称にもかかわらず、否定形においては「不義」「不信」に対し「非礼」というがごと

本論に復すれば、多くの会社法研究者は、一方で「非取締役会設置会社」と記しながら、他方で「株券不発行会社」と当然のように記している。後者の構文をもって正しいと考えるが、これら２つの表記をする際に首尾一貫しない姿勢であると思わないのであろうか。我々は、日本の国法を扱っている。学術用語の創造や選択には、もう少し慎重であらねばならぬと思うが、いかがであろう。

　駄目押しをすれば、「仏蘭西公式訪問」という内容を否定するのに、「非仏蘭西公式訪問」という構文を選択すれば、いったいこの者は、何処をどういう形で訪れることになるのか。この構文においては、目的国や訪問形式を特定することができない。下手をすると、お忍びで仏蘭西に到着できないかも知れない。なぜならば、お忍びで独逸を訪れようと、堂々と西班牙を訪れようと、極端には日本を１歩だに出なくとも、「非仏蘭西公式訪問」には違いないからである。お忍びで仏蘭西を訪れたいのであれば、普通は、「仏蘭西非公式訪問」と表記するであろう。

　会社法を学んだ者は、取締役会が設置されていない会社にも、機関としての取締役があることを知っているから、「非取締役会設置会社」といわれても、さしあたり不都合は感じないかも知れない。しかし、「非取締役会設置会社」という用法は、そもそもが、「非仏蘭西公式訪問」と同様の、否定すべき内容を特定できない明晰性を欠く構文で成り立っており、会社法を知らない国民にとっては不親切な表記であって、学術用語としての適性に欠ける。

　私の誤解に出たかも知れない一方的な主張を展開しただけでは公平ではないと思うので、最後に「非取締役会設置会社」という用語を弁護しておこう。ある特定の会社に着目して、当該会社の特徴を述べる場合、たとえば、「尾張株式会社は取締役会設置会社ではない」という日本語を、ここで初めて現代中国語に触れるが、あくまでも自己流で中国語に訳すことを試みれば、「尾張股份有限公司并非是董事局会議設置公司」になると思われる。私のこの訳文を、現在の本務校の中国語を教える中国人教授に示したところ、「ああ、全体を否定しているのですね、意味は通じます」という反応であった。これに鑑みれば、「非取締役会設置

会社」という用語を端(はな)から完全否定するのは、行き過ぎであるのかも知れない。

　私個人は、明らかに誤謬であると指摘されるまでは、信念を持って、この用語を使わない。私の主張が誤りであるなら、何方か、ご教示願えれば幸いである。

〈補訂〉『商法学通論』第1帖・第2帖
（第Ⅰ巻、第Ⅱ巻の150頁まで）

凡　　例

◆ 第1帖・第2帖補訂法令略語表

会	会社法
会施規	会社法施行規則
金商取	金融商品取引法
商	商法
商先取	商品先物取引法
非訟	非訟事件手続法
民	民法
民執	民事執行法
民保	民事保全法
有限組合	有限責任事業組合契約に関する法律

商法学通論・第1帖および第2帖補訂（第Ⅰ巻、第Ⅱ巻の150頁まで）

●1● 緒　言

『商法学通論』本巻の第1帖および第2帖は、主として、商法・会社法総論、商法・会社法総則を対象とするものであるが、刊行の後に、平成26年（2014年）の会社法改正、平成29年（2017年）の民法改正などがあり、必ずしも現在の状況に合致していない。総論・総則の考究は、商法・会社法の基礎研究に欠かせないものである。それゆえ、補巻Ⅱの刊行の機会を捉え、単純な誤りの訂正をも含めて、平成29年7月末段階の状況を反映する形で、補訂を試みることとする。その形式は、『通論Ⅶ』における「外の帖」の記述に準ずる。本来は、完全改訂を目指すべきところ、補巻Ⅱの主題たる運送法改正を早期に公表する必要から、弥縫策にとどめる。

●2● 第1帖関係

◆2-1　第1章関係

2-1-1　現行商法典の編列およびその変遷

第1章1-4では、現行商法の形式的変遷を概観している。以下のように補訂する。

商法会社編および会社法の変遷につき、第1章1-4-2の末尾に、以下の文章を追加する。「最新の会社法の改正は、平成26年（2014年）である。引き続き、企業経済の効率化という理念が色濃く反映されている。」（通論Ⅰ7頁）。

商法商行為編の変遷につき、第1章1-4-3の末尾に、以下の文章を追加する。「現在、全面現代語化に向けた改正案が、平成28年（2016年）の第192回国会に上呈されて以降、継続的に審議されており、この改正案において、運送法体系の現代化・整序が行われている。」（通論Ⅰ7頁）。

商法海商編の変遷についても、以下の文章を第1章1-4-5の末尾に

加える。「運送法の改正と同様、本編についても、改正案の審議が継続中である。」（通論Ⅰ8頁）。

2-1-2 わが企業社会の変遷と会社法の機能変化

第1章2-4-5-4の文章中に、「なお、平成26年（2014年）の会社法改正は、上の指針を踏襲していると評価できよう。」との文言を挿入する（通論Ⅰ29頁、下から5行目。「さらに」の前に入れる）。

2-1-3 民商法の規定内容の関係

第1章3-2において、商法の規定が民法の個々の規定を補充または変更する例として、平成29年（2017年）改正前民法167条1項と同商法522条を例示している。しかし、同年改正により、民法166条1項が債権の消滅時効に係る一般則となり、商法522条が削除されたため、この例は、「（平29（2017）改前民167Ⅰと平29改前商522）」と変更しなければならない（通論Ⅰ33頁）。

2-1-4 民法の商化

第1章3-3において、民法の商化を論じているが、民法に対する商法の独自性の希釈化を論じている部分に、以下の文章を加える。「なお、平成29年（2017年）改正民法との関連で上の例の一端を眺めておくと、売主の瑕疵担保責任に関し、同年改正後民法566条は、商法526条の採る法政策に接近したものと評価しうる（特定物ドグマの否定、契約解除権・損害賠償請求権行使の前提としての買主による売主に対する通知義務など）。」（通論Ⅰ35頁、下から7行目「常に起こりうる可能性がある。」の後ろに追加）。

同じく、民商2法統一論に言及した部分で、消滅時効・法定利率の平成29年（2017年）改正前の規定に触れているが、その部分、「（民167Ⅰと商522、民404と商514）」を「（平29（2017）改前民167Ⅰと平29改前商522、平29改前民404と平29改前商514）」に改める（通論Ⅰ36頁、下から3行目）。その上で、以下の文章を加える。「先に述べたように（本章3-2）、債権の消滅時効については、民法166条1項に原則として一本化された。また法定利率についても民法404条の規整するところとなり、商法514条は削除された。」（通論Ⅰ36頁、最終行の末尾「考究することである。」の次に加える）。

2-1-5 行為法および組織法としての商法の特質

第1章5-2-1において、商法の営利性について説明しているが、商

法514条の削除にともない、その最終部分の文章を以下のように変更する。「すなわち商法には、企業活動の営利性を直截に表現した規定（商512、513など）が設けられ、企業資本の利潤生産性を高く評価することを前提に商取引の旺盛化が期待されているのである。」（通論Ⅰ38頁）。

この機会に、通論Ⅰ39頁、1行目、「上のようの」は、「上のような」の誤り。

第1章5－2－3において、簡易迅速主義の顕現と評価される商法の条文を挙げている。このうち「(たとえば、商504、507〜509、524〜526)」を「(たとえば、商504、508、509、524〜526)」に変更する（通論Ⅰ39頁、5－2－3下から3行目）。同じく、短期消滅時効に係る条文を挙げているものを、改正商法案を先取りしておくと、「(たとえば、商522、566、567、596、615、626、765、766、786、798、814……)」とあるのを、「(たとえば、改商(案)564→586、586、594、598、617……)」に変更する（通論Ⅰ39頁、5－2－3下から2行目以降）。

第1章5－2－5では、企業取引における行為の内容およびその効果の定型化について述べている。その最終段落、「普通取引約款によるそれが発達し」を「普通取引約款（民法の定型約款という概念で捉えて差し支えない）によるそれが発達し」に変更する（通論Ⅰ40頁、5－2－5下から4行目）。

第1章5－2－7の記述中、有価証券の善意取得に係る条文、「(商519Ⅱ、会131Ⅱ……)」のうち、「商519Ⅱ」を削除する（通論Ⅰ43頁、上から3行目）。

この機会に、通論Ⅰ43頁、5－2－8上から3行目、「確立に」は「確実に」の誤り。

第1章5－2－8における企業者の責任の加重と制限の条文例について、改正商法案を先取りしておくと、「(商593)」は「(改商(案)595)」へ、「(商594Ⅰ)」は「(改商(案)596Ⅰ)」へと変更される（通論Ⅰ43頁、5－2－8上から11、12行目）。同じく、「たとえば物品運送人の債務不履行に基づく損害賠償額の算定の定型化(商580)のように」との記述は、「物品」を削って、「改(商(案)576)」に変更となる（通論Ⅰ43頁、5－2－6下から5行目）。

第1章5-3-2、人的施設の整備に関する条文につき、改正法案を先取りしておくと、「(商705以下)」は、「(改商(案)708以下)」に変更となる（通論Ⅰ44頁、5-3-2下から2行目）。

　第1章5-3-3、企業危険の分散に関する条文につき、改正法案を先取りしておくと、「(商788以下)」は「(改商(案)808以下)」となる（通論Ⅰ44頁最終行）。

　第1章5-3-4の有限責任に係る記述につき、改正法案を先取りしておくと、「預り証券所持人の義務（商607）」は削除される（通論Ⅰ45頁、5-3-4下から5行目）。加えて、「(商712Ⅱ)」は、「(改商(案)711Ⅱ)」へ、「(商812)」は、「(改商(案)804)」へ、「(商791)」は、「(改商(案)811)」へ、「(商803)」は、「(改商(案)795)」へと、それぞれ変更される（通論Ⅰ45頁、5-3-4下から5行目以降）。

◆ 2-2　第2章関係

2-2-1　商慣習

　第2章2-3の商慣習に係る記述について、平成29年(2017年)改正前商法520条に関連する部分を以下のように変更する。「①の例としては、平成29年(2017年)改正前商法520条の取引時間の規定があったが、同年の民法改正にともない、民法484条2項に統一され、一般化された。」（通論Ⅰ57頁下から6行目）。

　同じく、「商法520条」を削除すべき文章がある（通論Ⅰ61頁、下から4ないし3行目）。

2-2-2　商事自治法

　単純な誤りをこの機会に訂正する。「業務規定」は、「業務規程」が正しい（通論Ⅰ64頁、2-4下から5行目および下から3行目）。お恥ずかしい。

2-2-3　普通取引約款

2-2-3-1　小見出しの変更および新設

　第2章2-5について、次のように変更する。

　まず、「2-5普通取引約款」との表題を、「2-5普通取引約款・定型約款」に変更する。次いで、その下に「2-5-1普通取引約款（従来の

議論)」という題目を新たに設け、従来の記述を維持する（通論Ⅰ64頁）。

従来の記述に加え、「2-5-2 定型約款」という新たな題目の下、以下の記述を加えることとする。以下のとおり（通論Ⅰ68頁に追加する）。

2-2-3-2　新設「2-5-2」の記述

(ア)　平成29年(2017年)の改正にともない、民法は、その第3編第2章第1節中に新たに第5款を設け、「定型約款」との表題を付し、新たに3ヵ条（民548の2～548の4）を設けた。これによって、いわゆる約款に基づく取引に対し、民法上の基礎が与えられることとなった。

(イ)　民法548条の2第1項柱書は、「定型取引」という概念を媒介することによって「定型約款」の意義を導こうとしている。まず、「定型取引」とは、同条1項柱書第1かっこ書によれば、①ある特定の者が不特定多数の者を相手方として行う取引であって、②その内容の全部または一部が画一的であることがその双方にとって合理的なものをいうとされている。この概念を前提に、「定型約款」を「定型取引において、契約の内容とすることを目的として特定の者により準備された条項の総体」と定義しているわけである[63の2]（なお、脚注については、本節の最終部（2-6-2）に示す、以下同様）。

上記①の要件は、事業当事者間契約（の一定のもの）や労働契約の除外がもっぱら念頭に置かれている[63の3]。「不特定多数の者」を相手方とするとは、特定の者が、相手方の個性に着目することがないということが含意されているのであろう。上記②にいう「合理性」は、「内容の画一性」と牽連していると見受けられる。つまり、「内容の画一性が、双方にとって、合理的なものでなければならない」と読み取ることができる。すなわち、多数の相手方に対して同一の内容で契約を締結することが通常であり、かつ、相手方が交渉を行わず、特定の者（一方当事者）が準備した契約条項の総体をそのまま受け入れて契約の締結に至ることが取引通念に照らして合理的である取引（修正の余地のないもの）を意味する[63の4]。このような取引において、契約の内容として用いることを目的に特定の者（一方当事者）が準備した条項の総体を「定型約款」と定義したわけである。

上述の意味での定型取引で用いられなければならないから、迅速な契

約の締結という便宜性のみに着目して準備された契約条項の総体は、従来のいわゆる広義の約款概念に含まれることはあっても、定型約款であるとはいえないことになる。また、不特定多数の者を相手方とする取引に限定される点で、従来のいわゆる約款概念よりも狭いといえる。

そうではあっても、平成29年(2017年)改正民法の定義内容からすれば、生命保険約款、損害保険約款、旅行業約款、宿泊約款、運送約款、預金規定、コンピュータ・ソフトウェアの利用約款など、わが国で従来一般に「普通取引約款」と呼ばれていたものは、ほとんどが「定型約款」の定義に該当するであろう[63の5]。

(ウ) 民法548条の2第1項各号は、定型取引に該当する契約が締結された場合に、①定型約款を契約の内容とする旨の合意をしたとき、②定型約款準備者があらかじめその定型約款を契約の内容とする旨を相手方に表示していたときには、定型約款準備者と相手方との間において、定型約款の個別条項についても合意がなされたものとみなされる(個別条項についての合意の擬制)旨を規定している。

とくに上述の②について、この条文を日本語として素直に読むと、準備者が「あらかじめ」その定型約款を契約の内容とする旨を相手方に「表示」しておれば、相手方の同意なしに、個別条項の合意の擬制がなされると解される余地がないわけではない[63の6]。しかし、ここでは、あらかじめ定型約款が相手方に表示された上で、両当事者が定型取引に合意する場面が想定されているのであるから、理論的には、あらかじめ表示された定型約款が契約の内容になること(＝契約に組み入れられること)に対して相手方が黙示の同意をし、定型取引合意をした点に、定型約款の拘束力の根拠を求めるのが適切であろう[63の7]との観察が穏当である。それゆえ、ここに「表示」とは、「当該定型約款による旨の表示」だけでは足らず、「当該定型約款の内容を知りうる表示(内容を知ることができる機会を保障するもの)」でなければならないと考える。そのような表示があれば、定型取引における合理性と相俟って、相手方による異議をとどめない合意を擬制しようとも、相手方が不当に不利な立場に置かれるわけではない。

かく考えれば、上の意味での表示は、先に述べた従来の普通取引約款

に係る山下規準の第2段階の充足に一致すると観られるのではなかろうか。つまり、山下規準は、定型約款の拘束力の根拠にもなりうるわけである。

(エ) 民法548条の2第2項は、①相手方の権利を制限し、または相手方の義務を加重する条項であって、②その定型取引の態様およびその実情ならびに取引上の社会通念に照らして、民法1条2項に規定する基本原則（信義誠実の原則）に反して相手方の利益を一方的に害すると認められるものについては、合意をしなかったものとみなす旨を規定している。上の要件に該当する条項は、合意がないわけであるから、当初から契約の内容とならない。

この条項は、何ら山下規準に背馳するものではないと評価できる。

(オ) 民法548条の3は、定型約款準備者による約款内容の開示義務を規整するものであり、山下規準の第2段階の充足に資する規定である。民法548条の4は、定型約款の内容に従った契約があった後に、一定の要件を満たす限りで、定型約款準備者の側からする約款内容の変更を許す規定である。厳格な周知義務を課す等、相手方の保護に十分配慮しており、これまた山下規準に背馳するものではない。

(カ) 以上に鑑みれば、当事者間で合意された定型約款は、実質的に任意法規に優先する規範であると評価してもよいと思われる。よって、商事定型約款は、商法の法源たりうる。

◆ 2-3 第3章関係

2-3-1 商法適用上の技術的概念

この機会に、通論Ⅰ74頁、下から11行目、「商法および商行為」は、「商人および商行為」の誤り。

2-3-2 絶対的商行為

第3章2-1-2の投機購買およびその実行行為に係る目的物の動産・不動産の意味について、民法86条3項を挙げているが、同条同項は、平成29年(2017年)改正に際し、削除された。よって、「（民86Ⅰ・Ⅲ）」を「（民86）」に改める（通論Ⅰ76頁、下から9行目）。

この機会に、通論Ⅰ77頁、下から4行目「（会117Ⅵ参照）」は、「（会214

第3章2-1-4の取引所においてする取引に係る記述、第2段落以降を次のように変更する（通論Ⅰ80頁、下から10行目以降）。「わが国の取引所には、取引の対象により、商品取引所と金融商品取引所とがある。前者は、商品先物取引法（昭和25年(1950年)法律第239号）による、後者は、金融商品取引法（昭和23年(1948年)法律第25号）による規整を受ける。両取引所とも、そこで取引を許されるのは会員または取引参加者に限られ（商先取97Ⅰ・Ⅱ、金商取111Ⅰ）、これら会員または取引参加者たる資格に関し、商品取引所にあっては、商品先物取引法が、その欠格要件を定めるという方式をもって規制を加えている（商先取31Ⅰ、82Ⅰ・Ⅱ）。同じく金融商品取引所にあっては、金融商品取引業者、取引所取引許可業者、登録金融機関などに限られる（金商取91、113Ⅰ）。これら以外の者は、会員または取引参加者に委託して、会員または取引参加者の名において委託者の計算において取引ができるにすぎない。事実上、非商人の1回限りの行為というものは、商法501条3号に限っては、ありえない。」

　第3章2-1-5の手形その他の商業証券に係る記述について、「金銭その他の物または有価証券の給付を目的とする有価証券」に言及した部分で、商法518条および同519条を引いているが、両条は、平成29年(2017年)の民法改正にともない、削除された。よって、「（商518、519参照）」を「（民520の12参照）」に変更する（通論Ⅰ81頁、2-1-5上から9行目）。同じく、商法516条ないし同519条に言及した箇所も、これらの規定が削除された関係上、適切ではなくなった。「これは首尾一貫しない姿勢なのではなかろうか。」まででで切り、それ以降の記述を削除する（通論Ⅰ82頁、10行目以降、2-2の前まで）。

2-3-3 営業的商行為

　第3章2-2-4の電気またはガスの供給に係る行為の記述につき、通論Ⅰ85頁、上から4行目以降に以下の文章を加える。「しかし、平成28年(2016年)4月より、家庭向けの電力小売りが自由化され、さらに平成29年(2017年)4月より、ガス小売りもまた自由化されるに至っている。」

　第3章2-2-5の運送に関する記述、改正商法（案）を先取りすれば、通論Ⅰ85頁、下から3行目以下の記述は、以下のように変更される。

「物品運送は、運送人が目的物を自己の保管下に置いて運送することを引き受ける契約であるから（改商（案）570）、厳密に解すれば、通常の挽船契約（曳船契約）はこれに入らないことになるが、商行為編中の物品運送（改商（案）580以下）や海商編中の海上物品運送に関する特則の適用を受ける物品運送（改商（案）737以下）に類型化された運送契約に限定する必要はなく、挽船契約も営業的商行為に含めて解釈できる余地がある。」

第3章2-2-7の出版、印刷または撮影に関する行為の記述中、「ＣＤやＤＶＤといった形式」を「ＣＤやＤＶＤといった形式さらには電子書籍」に変更する（通論Ⅰ86頁、下から7行目）。

第3章2-2-1の寄託の引受けに関する記述中、「寄託の類型には、単純寄託、混蔵寄託の他に」とあるのを、平成29年(2017年)の民法改正に従って、「寄託の類型には、単純寄託（民657）、混合寄託（民665の2）の他に」に変更する（通論Ⅰ89頁、2-2-11上から2行目）。

2-3-4　附属的商行為

繰り返し述べるように、商法514条および同522条は削除された。よって、第3章4の附属的商行為に係る「物品の交付・受領・保管・弁済、さらに拾得のような行為もこれに含まれ、その結果生じうる不当利得返還請求権には商事時効および商事法定利率の適用を認めえよう」（通論Ⅰ95頁）との記述は、不適当となった。「これに含まれる。」で切ることとする。

2-3-5　自然人の営業能力

第3章6-2-2-1の末尾（通論Ⅰ99頁、上から1行目）の下に、以下の段落を加える。

「なお、平成29年(2017年)改正民法は、制限行為能力者が他の制限行為能力者の法定代理人となる場合につき、新たに規定を設けた（民102ただし書、131Ⅰ⑩）。これらの規定の未成年の営業能力への影響については、拙著『商法学通論・補巻Ⅰ』（信山社・2016年）9-10頁を参照されたい。」

2-3-6　共益目的事業を行う法人

第3章6-4-3において、共益目的事業を行う法人の商人性について

考究している。このうち、農業協同組合について述べた部分につき、以下の文章を追加する（通論Ⅰ109頁、下から8行目の後ろに続ける）。「もっとも、現在は、政府与党（自民党）の主導で農協改革協議が進められており、全国農業協同組合連合会（全農）の株式会社化が実現すれば、事態は変わることとなる。しかし、考えの筋道は、上に述べたとおりである。」

◆ 2-4 第4章関係

2-4-1 法人格否認の法理

第4章2-4-2-2において、最決平成17年(2005年)7月15日民集59巻6号1742頁に言及しているが、この部分の後ろに以下の文章を追加する（通論Ⅰ122頁、下から8行目）。「これにより、執行債権者は、債務名義上の請求権を実現すべく、形式上は債務名義上の債務者ではない原告の財産を執行の目的とすることができ、この者の第三者異議の訴えによる執行の妨害を退けることができると解されることになった。」

2-4-2 会社の権利能力

第4章3-1中、「(会331Ⅰ①、335Ⅰ、402Ⅳ、478Ⅵ)」を「(会331Ⅰ①、335Ⅰ、402Ⅳ、478Ⅷ)」に変更する（通論Ⅰ126頁、上から9-10行目）。

第4章3-2中、「(会360、385、407Ⅰ)」を「(会360、385、399の6、407Ⅰ)」に変更する（通論Ⅰ128頁、上から4-5行目）。

第4章3-5中、「本来の営業活動」を「本来の事業活動」に変更する（通論Ⅰ130頁、下から5行目）。

2-4-3 会社の種類を区別する基準

第4章5-2-2の末尾、「一定限度の出資義務を負うことを意味する。」を「一定限度（その有する株式の引受価額）の出資義務を負うことを意味する。」に変更する（通論Ⅰ135頁、上から2行目）。

2-4-4 合名会社

第4章6中、「(会590Ⅰ、599Ⅰ)」を「(会590Ⅰ、599Ⅰ本文)」に変更する（通論Ⅰ135頁、下から7行目）。

2-4-5 株式会社

第4章9の記述中、「取締役会が設置された典型的な株式会社」を

「取締役会が設置された商法会社編時代から続く従来型の株式会社」に変更する（通論Ⅰ138頁、上から5行目）。

2-4-6　旧商法上の合資会社

この機会に、通論Ⅰ140頁、上から3ないし4行目の「有限責任社員ノ」は「有限責任社員ト」の誤り。

2-4-7　同族会社・非同族会社

第4章11-2の記述中、通論Ⅰ143頁、上から6行目の「定義されている。」を「定義されている（法人税法同条同号の実際の定義は、会社中に投資法人を含んでいるが、ここでは会社のみの定義として掲げた）。」に変更する。

◆ 2-5　第5章関係

2-5-1　単元株制度の要諦

第4章3-4-3の記述中、「（本章7-3）」は、「（本章7-4）」の誤り（通論Ⅰ165頁、上から2行目）。

2-5-2　株券不発行化への歩み

第5章3-5-2の記述中、「（民86Ⅲ）」を「（平成29年(2017年)改前民86Ⅲ）」に変更する（通論Ⅰ166頁、3-5-2上から9行目）。

2-5-3　株主の権利

この機会に、通論Ⅰ183頁下から8行目、「権主」は「株主」の誤り。

第5章7-2の記述中、「（会116Ⅰ、469Ⅰ、785Ⅰ、797Ⅰ、806Ⅰ）」を「（会116Ⅰ、182の4Ⅰ、469Ⅰ、785Ⅰ、797Ⅰ、806Ⅰ）」に変更する（通論Ⅰ185頁、下から18行目）。同じく「（会847）」を「（会847～847の3）」に変更する（通論Ⅰ185頁、下から11行目）。また「（会31Ⅱ、125Ⅱ、310Ⅶ、318Ⅳ、371Ⅱ、442Ⅲ、496Ⅱ、782Ⅲ、801Ⅳ、815Ⅳ）」を「（会31Ⅱ、125Ⅱ、179の5Ⅱ、182の2Ⅱ、310Ⅶ、318Ⅳ、371Ⅱ、442Ⅲ、496Ⅱ、782Ⅲ、801Ⅳ、815Ⅳ）」に変更する（通論Ⅰ185頁、下から9行目）。

第5章7-3の記述中、「（会847Ⅰ）」を「（会847Ⅰ、847の2Ⅰ）」に変更する（通論Ⅰ186頁、下から18行目）。

2-5-4　株主の義務

第5章8の記述中、「青竹正一によれば、少数株主を保護する規定が

整備されているほか……」とあるのを、「青竹正一は、この説を、支配株主の議決権の行使等により少数株主を締め出す場合の解決方法を与えるものと評価しつつも、少数株主を保護する規定が整備されているほか……」に変更する（通論Ⅰ188頁、下から6行目以降）。

2-5-5　株主平等の原則

第5章9-1の記述中、「（委員会設置会社においては執行役）」を「（指名委員会等設置会社においては執行役）」に変更する（通論Ⅰ191頁、上から13行目）。

第5章9-2の記述中、「加えて会社法は、議決権（会308Ⅰ）、募集株式の割当権（会202Ⅱ）……」とあるのを、「加えて会社法は、議決権（会308Ⅰ）、売渡株主に対する金銭の割当ての事項に関する定め（会179の2Ⅲ）、募集株式の割当権（会202Ⅱ）……」に変更する（通論Ⅰ191頁、下から2行目）。また、「（会454）」を「（会454Ⅲ）」に変更する（通論Ⅰ192頁、1行目）。

2-5-6　議決権制限株式

第5章11-2-2の記述中、「（会297Ⅰ、303Ⅰ、304Ⅰ）」を「（会297Ⅰ、303Ⅰ、304Ⅰなど）」に変更し（通論Ⅰ217頁、上から14行目）、「（会297Ⅲ、303Ⅳ、306Ⅰ・Ⅱ）」を「（会297Ⅲ、303Ⅳ、305Ⅲ、306Ⅰ・Ⅱなど）」に変更する（通論Ⅰ217頁、上から16行目）。

2-5-7　全部取得条項付種類株式

第5章11-2-6の記述中、通論Ⅰ223頁、11行目の後ろに続けて以下の文章を追加する。「この株式の用途の拡大に起因する問題に対処すべく、平成26年（2014年）改正において、一部見直しが行われた。」

2-5-8　取締役・監査役選任種類株式

第5章11-2-8の記述の冒頭、第1段落を以下のように変更する（通論Ⅰ226頁、11-2-8の冒頭）。

「この種類株式に限っては、指名委員会等設置会社および公開会社は、これを発行することができない（会108Ⅰ柱書ただし書）。監査等委員会設置会社は、非公開会社であれば、この種類株式を発行することができるが、この場合には、監査等委員である取締役またはそれ以外の取締役の各々につき、各別に種類株主総会において選任するという内容の種類株

式とすることが可能である（会108Ⅰ⑨かっこ書）。」

第５章11-2-8の記述中、「委員会設置会社」を「指名委員会等設置会社」に変更する（通論Ⅰ226頁、下から12行目および下から５行目）。

◆ 2-6 第１帖脚注補訂

第１帖の脚注を、平成29年（2017年）７月末時点のものに更新する。ただし、龍田節『会社法大要』（有斐閣・2007年）については、龍田節：前田雅弘『会社法大要（第２版）』（有斐閣・2017年）の刊行があるが、単著性を重視して、従前の著作による。以上、３-７も同様である。

2-6-1 第１章脚注更新

(8)　田邊光政『商法総則・商行為法（第４版）』（新世社・2016年）５頁。

(35)　６行目の記述中、「服部・注(7)前掲脚注(2)」は、「服部・注(7)前掲10頁脚注(2)」の誤り。

(41)　近藤光男『商法総則・商行為法（第６版）』（有斐閣・2013年）６頁脚注(5)。

(109)　田邊・注(8)前掲11頁、

2-6-2 第２章脚注更新

(4)　青竹正一『特別講義改正商法総則・商行為法（第３版）』（成文堂・2012年）４頁参照。

(16)　近藤光男『商法総則・商行為法（第６版）』（有斐閣・2013年）11頁脚注(1)、

(63の２)　沖野眞弓「約款の採用要件について--「定型約款」に関する規律の検討--」高翔龍：野村豊弘：加藤雅信：廣瀬久和：瀬川信久：中田裕康：河上正二：内田貴：大村敦志編『日本民法学の新たな時代』（有斐閣・2015年）539頁参照。

(63の３)　同前541頁。

(63の４)　潮見佳男『民法（債権関係）改正法案の概要』（金融財政事情研究会・2015年）203頁。

(63の５)　同前204頁。

(63の6)　沖野・注(63の2)前掲546頁。

(63の7)　潮見・注(63の4)前掲205頁。

(79)　田邊光政『商法総則・商行為法(第4版)』(新世社・2016年) 35頁、

2-6-3　第3章脚注更新

(10)　青竹正一『特別講義改正商法総則・商行為法(第3版)』(成文堂・2012年) 15頁。

(12)　江頭憲治郎『株式会社法(第6版)』(有斐閣・2015年) 217-218頁。

(15)　田邊光政『商法総則・商行為法(第4版)』(新世社・2016年) 55頁、

(16)　具体例につき、田邊・同前56頁。

(17)　近藤光男『商法総則・商行為法(第6版)』(有斐閣・2013年) 29頁、

(19)　田邊・注(15)前掲57頁参照。

(23)　同前63頁。

(26)　田邊・注(15)前掲63頁参照。

(28)　田邊・注(15)前掲63頁。

(32)　田邊・注(15)前掲65頁。

(33)　田邊・注(15)前掲67頁。

(35)　田邊・注(15)前掲68頁。

(38)　田邊・注(15)前掲68頁。

(50)　田邊・注(15)前掲70頁。

(76)　久保村隆祐編著『商学通論(9訂版)』(同文舘出版・2016年) 30頁〔久保村隆祐〕。

2-6-4　第4章脚注更新

(3)　青竹正一『新会社法(第4版)』(信山社・2015年) 8頁。

(10)　加美和照『新訂会社法(第10版)』(勁草書房・2011年) 7頁、

(11)　江頭憲治郎『株式会社法(第6版)』(有斐閣・2015年) 27-28頁脚注(1)、

(14)　神田秀樹『会社法(第19版)』(弘文堂・2017年) 7頁脚注(3)、弥永真生『リーガルマインド会社法(第14版)』(有斐閣・2015年) 7

頁。

⒅　青竹・注⑶前掲９頁、

(33)　江頭・注⑾前掲 46 頁。

(34)　同前。

(59)　青竹正一『特別講義改正商法総則・商行為法（第３版）』（成文堂・2012 年）22 頁。

(67)　江頭・注⑾前掲４頁脚注⑹。

2－6－5　第５章脚注更新

(22)　弊害の具体例については、江頭憲治郎『株式会社法（第６版）』（有斐閣・2015年）126-127頁脚注⑷参照。

(23)　同前126頁。

(26)　江頭・注(22)前掲126頁。

(27)　加美和照『新訂会社法（第10版）』（勁草書房・2011年）134頁。

(30)　江頭・注(22)前掲290-291頁脚注⑶参照。

(31)　江頭・注(22)前掲296-297頁、

(36)　江頭・注(22)前掲297頁脚注⑴。

(55)　神田秀樹『会社法（第19版）』（弘文堂・2017年）92頁。

(61)　なお、神田・注(55)前掲92頁参照。

(62)　青竹正一『新会社法（第４版）』（信山社・2015年）85頁。

(63)　同前86頁。

(72)　加美・注(27)前掲136頁、

(117)　青竹・注(62)前掲90-91頁。

(120)　青竹・注(62)前掲108頁。

(122)　神田・注(55)前掲71頁。

(123)　同前71-72頁。

(125)　江頭・注(22)前掲131頁。

(143)　江頭・注(22)前掲133頁。

(144)　同前134頁脚注⑽。

(146)　江頭・注(22)前掲134頁。

(147)　同前脚注⑽。

(149)　青竹・注(62)前掲109頁。

⑴⑸⓪　加美・注㉗前掲142頁脚注⑵。

⑴⑸⓸　江頭・注㉒前掲132-133頁脚注⑺参照。

⑴⑸⑸　江頭・注㉒前掲785頁脚注⑹参照。

⑴⑺⑻　江頭・注㉒前掲137頁。

⑴⑻⑹　江頭・注㉒前掲145頁参照。

⑴⑻⑺　神田・注㊺前掲85頁。

⑴⑻⑻　江頭・注㉒前掲145-146頁。

⑴⑻⑼　青竹・注㊅㊁前掲97頁。

⑴⑼⓪　青竹・同前参照、

⑴⑼⓸　青竹・注㊅㊁前掲99頁。

⑴⑼⑺　江頭・注㉒前掲158頁。

⑴⑼⑼　江頭・注㉒前掲164頁参照。

⑵⓪⓪　同前165頁。

⑵⓪⓶　青竹・注㊅㊁前掲102頁。

● 3 ● 第 2 帖関係

◆ 3-1　第 1 章関係

3-1-1　商事組合

　第1章2-2-1-1において、民法上の組合を利用した企業形態である商事組合について解説している。平成29年（2017年）の民法改正に基づいて、通論Ⅰ233頁第2段落の末尾に以下の文章を加える（通論Ⅰ233頁、上から16行目）。「なお、平成29年（2017年）の改正民法は、組合の団体的側面を強調する方向性を持ったものと評価できる。」

　第1章2-2-1-2の冒頭部分の「その過半数でこれを決する（民670Ⅱ、671）。」の後ろに続けて、以下の文章を加える（通論Ⅰ233頁、下から3行目）。「平成29年（2017年）の改正民法は、業務執行者がいない場合の組合の業務執行の意思決定方法および組合員の業務執行権を明確にし（民670Ⅰ）、業務執行者がある場合の組合の業務の決定および執行の方法を整序している（民670Ⅱ～Ⅳ）。組合の業務執行を業務執行者に委任したときであっても、総組合員による業務の決定・執行が妨げられない旨が

明らかにされている（民670Ⅳ）。」

　同じく第1章2－2－1－2の記述中、「（民670Ⅲ本文）」を「（民670Ⅴ）」に変更する（通論Ⅰ233頁、下から2行目）。

　同じく第1章2－2－1－2の記述中、通論Ⅱ234頁、上から6行目、「持ち込まざるをえない。」の後ろに続く文章を次のように変更する。「それゆえ、平成29年(2017年)改正民法は、基本的に通説・判例（最判昭和36年（1961年）7月31日民集15巻7号1983頁）の立場を容れて、組合代理の規定を新設した。民法670条の2がこれである。同条1項によれば、各組合員は、組合員の過半数の同意を得ることにより、他の組合員を代理することができる。同条2項は、業務執行者がある場合の特則であり、このときは業務執行者のみが組合員を代理することができる。業務執行者が複数ある場合には、その過半数の同意を得たときに限り、組合員を代理することができる。同条3項によれば、組合の常務については、各組合員または業務執行者は単独で組合員を代理することができる。」

　同じく第1章2－2－1－2の記述中、「常務以外の事項は組合員の過半数で決しなければならないとの規定の下（民670Ⅰ・Ⅲ）」とあるのを「常務以外の事項は組合員の過半数で決しなければならないとの平成29年(2017年)改正前の規定の下（同年改前民670Ⅰ・Ⅲ）」に変更する（通論Ⅰ234頁、下から5行目）。

　第1章2－2－1－3の記述中、「（民676Ⅱ）」を「（民676Ⅲ）」に変更する（通論Ⅰ235頁、下から18行目）。

　同じく第1章2－2－1－3の記述中、「その限りで、組合財産は構成員の財産から独立している。」とあるのを、「その限りで、組合財産は構成員の財産から独立している（平成29年(2017年)改正後民法677条は、この理を明定したものと評しうる）。」に変更する（通論Ⅰ235頁、下から16行目以降）。

　同じく第1章2－2－1－3の記述中、「組合の債権債務は、各組合員の分割債権または分割債務とならない（組合債権につき、民677参照）。」とあるのを、「組合の債権債務は、各組合員の分割債権または分割債務とならない（組合債権につき、平成29年(2017年)改正後民法676条2項は、この理を明定したものと評しうる）。」に変更する（通論Ⅰ235頁、下から13行目）。

　同じく第1章2－2－1－3の記述中、「組合債権者は各組合員に対して

等しい割合でその権利を行使できる（民675）。」とあるのを、「組合債権者は各組合員に対して等しい割合でその権利を行使できる（平成29年(2017年)改正後民法675条2項は、主張立証責任の所在を明確にしつつ、基本的に改正前の規律を維持したと評しうる）。」に変更する（通論Ⅰ236頁、上から10行目ないし11行目）。

第1章2-2-1-5の記述のうち、通論Ⅰ237頁の最終行「わが民法は、」の上に、以下の段落を加える。

「民法680条の2は、脱退組合員の、脱退前に生じた組合債務についての責任規定として明定されたものである。」

同じく第1章2-2-1-5の記述のうち、通論Ⅰ238頁の下から11行目、「わが民法は、」の上に、以下の段落を加える。

「民法677条の2は、上の通説および判例を容れて、組合員の加入に関する規定として設けられた。同条1項によれば、組合員の加入は、組合員全員の同意または組合契約に定めるところにより行われる。同条2項は、新加入組合員が、加入前に生じた組合債務について、自己の固有財産をもって弁済する責任を負わない旨を明らかにしている。」

3-1-2 有限責任事業組合

第1章2-2-2-2の記述のうち、通論Ⅰ242頁、上から17行目「（会5の類推適用）。」の次に新たな段落として、以下の文章を加える。

「平成29年(2017年)の民法改正にともない。これと平仄を会わせ、有限責任事業組合に関しても、組合代理の規定が新設された（有限組合14の2）。加えて、組合員の加入に関する規定も新設された（有限組合24Ⅲ）。」

第1章2-2-2-5の最終部分、「この点は民法670条3項と同様である。」を「この点は民法670条5項と同様である。」に変更する（通論Ⅰ251頁、上から6行目）。

この機会に、通論Ⅰ251頁、下から5行目、「大学初」は「大学発」の誤り。

3-1-3 匿名組合

通論Ⅰ257頁、下から4行目、「匿名契約」は「匿名組合契約」の誤り。

◆ 3-2　第2章関係

3-2-1　営業の意義

この機会に、通論Ⅰ263頁、下から3行目、「重要な意識」は「重要な意義」の誤り。

3-2-2　営業の自由とその制限

この機会に、通論Ⅰ266頁、上から13行目、「領布」は「頒布」の誤り。

3-2-3　商人資格の取得時期

この機会に、通論Ⅰ270頁、下から13行目、「該当営業行為」は「当該営業行為」の誤り。

さらにこの機会に、通論Ⅰ277頁3-6、上から5行目、「要当」は「妥当」の誤り。

◆ 3-3　第3章関係

3-3-1　株式会社の機関設計

第3章2-2の記述中、通論Ⅰ281頁、下から9行目の「次いで、」以下の文章を次のように変更する。「次いで、同条2項は、「株式会社は、定款の定めによって、取締役会、会計参与、監査役、監査役会、会計監査人、監査等委員会又は指名委員会等を置くことができる。」と規定している。」

第3章2-3の記述中、②「取締役」＋「監査役」の機関設計に言及した部分で、「このような機関設計に加え、設置する監査役の」を「このような機関設計に加え、定款の定めによって、設置する監査役の」に変更する（通論Ⅰ282頁、下から13行目）。

第3章2-3の記述中、④「取締役会」＋「会計参与」の機関設計に言及した部分で「(会331Ⅳ)」を「(会331Ⅴ)」に変更する（通論Ⅰ283頁、上から10行目）。同じく、「委員会設置会社」を「指名委員会等設置会社」に変更し（通論Ⅰ283頁、上から10行目）、「(委員会設置会社を除く)」を「(監査等委員会設置会社および指名委員会等設置会社を除く)」に変更する（通論Ⅰ283頁、上から14行目）。

同じく第3章2-3の記述中、「⑨「取締役会」＋「委員会」＋「会計監査人」」を「⑨「取締役会」＋「指名委員会等」＋「会計監査人」」に

変更の上（通論Ⅰ284頁、上から6行目）、この機関設計の説明文章を以下のように差し替える（通論Ⅰ284頁、上から7行目以降）。「指名委員会、監査委員会および報酬委員会を置く会社を「指名委員会等設置会社」という（会2⑫）。指名委員会等設置会社には、取締役会を置かなければならず（会327Ⅰ④）、また会計監査人を置かなければならない（会327Ⅴ）。指名委員会等設置会社には、監査役を置いてはならない（会327Ⅳ）。またこの会社には、監査等委員会を置いてはならない（会327Ⅵ）。」

　同じく第3章2-3の⑨の下に新たな段落として、以下の文章を加える（通論Ⅰ284頁、上から11行目に入れる）。
「⑩「取締役会」＋「監査等委員会」＋「会計監査人」
　監査等委員会を置く会社を「監査等委員会設置会社」という（会2⑪の②）。監査等委員会設置会社には、取締役会を置かなければならず（会327Ⅰ③）、また会計監査人を置かなければならない（会327Ⅴ）。監査等委員会設置会社には、監査役を置いてはならない（会327Ⅳ）。なお、会社法の条文の体裁からいえば、この会社は指名委員会等設置会社の前に配置すべきであろうが、この会社は、平成26年（2014年）改正によって導入された最も新しい機関設計による会社であるため、機関設計例の記述においては、最後尾に置いた。」

　第3章2-4の記述中、通論Ⅰ284頁、下から15行目、「そうすると、」以下の文章を次のように変更する。「そうすると、会社法327条3項が適用されこの類型に属する会社は、監査等委員会設置会社および指名委員会等設置会社を除き、監査役の設置が義務づけられることになる。」

　同じく第3章2-4の記述中、通論Ⅰ284頁、下から12行目、「次に、」以下の文章は次のように変更される。「次に、会社法328条1項は、「大会社（公開会社でないもの、監査等委員会設置会社及び指名委員会等設置会社を除く。）は、監査役会及び会計監査人を置かなければならない。」と規定しているので、（以下同じ）。」

　同じく第3章2-4の記述中、「④「取締役会」＋「委員会」＋「会計監査人」」とあるのを「④「取締役会」＋「指名委員会等」＋「会計監査人」」に変更の上（通論Ⅰ285頁、1行目）、その下に「⑤「取締役会」＋「監査等委員会」＋「会計監査人」」を加える。

第3章2-5の記述中、通論Ⅰ285頁2-5、上から5行目、「したがって、」以下の文章を次のように変更する。「したがって、同327条2項本文により、監査等委員会設置会社または指名委員会等設置会社形態を選択しない限り、監査役が置かれるべきことになる。」

同じく第3章2-5の記述中、「⑤「取締役会」＋「委員会」＋「会計監査人」」とあるのを「⑤「取締役会」＋「指名委員会等」＋「会計監査人」」に変更の上（通論Ⅰ285頁2-5、最終行）、その下に「⑥「取締役会」＋「監査等委員会」＋「会計監査人」」を加える。

第3章2-6の記述中、通論Ⅰ285頁、下から7行目、「委員会設置会社形態を」以下の文章を次のように変更する。「監査等委員会設置会社または指名委員会等設置会社形態を選択しない限り、監査役会および会計監査人を置かなければならない（会328Ⅰ）。監査等委員会設置会社または指名委員会等設置会社とするときは、当然に会社法327条4項ないし6項の規整を受ける。」

同じく第3章2-6の記述中、「②「取締役会」＋「委員会」＋「会計監査人」」とあるのを「②「取締役会」＋「指名委員会等」＋「会計監査人」」に変更の上（通論Ⅰ285頁、最終行）、その下に「③「取締役会」＋「監査等委員会」＋「会計監査人」」を加える。

3-3-2 発起人

第3章4-1-1-1の記述中、「（会103Ⅱ）」を「（会103Ⅳ）」に変更する（通論Ⅰ287頁、4-1-1-1最終行）。

第3章4-1-1-2の記述中、「（民5Ⅰ・Ⅲ、6Ⅰ、13Ⅰ、17、824、859、864）」とあるのを「（民5Ⅰ・Ⅲ、6Ⅰ、13Ⅰ、17、824、859、864--なお民102に留意のこと）」に変更する（通論Ⅰ287頁、下から2行目）。

第3章4-1-1-4の最終部分に、新たな段落を設けて、以下の文章を加える（通論Ⅰ289頁、上から15行目の下に加える）。

「なお、民法670条2項は、組合の業務の決定および執行を、組合契約の定めによって、1人または数人の組合員または第三者に委任することを認めている。発起人総代または設立委員長の選任には、同条同項の適用があろう。この者は、民法上、「業務執行者」となる。よって、業務の決定権限および執行権限を有することとなる（民670Ⅲ前段）。発起人組

合契約により、業務執行の委任を受けた「第三者」は、擬似発起人であると解されよう。業務執行者たる発起人総代または設立委員長は、民法670条の2第2項前段により、発起人組合員を代理する（発起人組合を代表すると観てよかろう）。発起人総代または設立委員長は、通常は1人であろうが、複数あるときは、民法670条3項後段、同670条の2第2項後段が適用される。」

3-3-3 定款

第3章4-1-2-3の記述中、「（たとえば、会835Ⅰ、848、856、867）」を「（たとえば、会835Ⅰ、846の4、848、856、867、868）」に変更する（通論Ⅰ293頁、上から8行目）。

この機会に、通論Ⅰ293頁、下から10行目、「であった。（平成17年……」とある部分は、「であった（平成17年……」となる。

同じく第3章4-1-2-3の記述中、通論Ⅰ295頁、下から8行目、「「授権資本制度」と呼ばれてきた。」の後ろ、「設立に際して」の前に、以下の文章を挿入する。「今日では、「授権株式制度」と呼ぶのが通常であり、授権資本制度は、同義の実務用語という位置づけである。」

第3章4-2の記述中、「（民670Ⅰ）」を「（民670Ⅰ・Ⅲ）」に変更する（通論Ⅰ301頁、下から16行目）。

同じく第3章4-2の記述中、「したがって、」以下の文章を次のように変更する（通論Ⅰ301頁、下から15行目）。「したがって、会社法32条、同57条および同58条は、民法670条1項ないし4項の特則である。」

3-3-4 発起設立

第3章4-3-1の記述中、通論Ⅰ303頁、下から7行目、「それゆえ」以下の文章を次のように変更する。「それゆえ会社法は、引受けの効力を確保すべく、設立時発行株式の引受けに係る意思表示につき、民法93条1項ただし書（心裡留保による意思表示の無効）および同94条1項（通謀虚偽表示による意思表示の無効）の規定の適用を排除し（会51Ⅰ）、加えて、発起人は、会社の成立後は、錯誤、詐欺または強迫を理由として、設立時発行株式の引受けの取消しができないものとした（会51Ⅱ）。」

第3章4-3-2-1の記述中、「（民670Ⅰ）」を「（民670Ⅰ・Ⅲ）」に変更する（通論Ⅰ304頁、下から2行目）。

第3章4-3-2-2の最終部に、新たに段落を設けて、次の文章を加える（通論Ⅰ307頁、13行目の下に加える）。

「なお、払込みの仮装があった場合の私法上の効果については後述する（本章6-3）。」

第3章4-3-2-3の記述中、「（民414Ⅰ）」を「（民414Ⅰ、民執171Ⅰ①）」に変更する（通論Ⅰ308頁、上から2行目）。

第3章4-3-2-4の記述中、「（会872④（会870⑤））とあるのを「（会872④（会870Ⅰ③））」に訂正する（通論Ⅰ309頁、下から4行目）。

第3章4-3-3-1の冒頭、第1段落最終部（通論Ⅰ310頁）の「（会38Ⅲ）」を「（会38Ⅳ）」に変更の上、次の文章を続ける。「監査等委員会設置会社の設立にあっては、設立時監査等委員である設立時取締役とそれ以外の設立時取締役とを各別に定め置くこととなる（会38Ⅳかっこ書）。」

同じく第3章4-3-3-1、通論Ⅰ310頁、下から19行目、「設立しようとする会社が」の前に次の文章を挿入する。「設立しようとする会社が監査等委員会設置会社であるときは、設立時取締役の選任は、設立時監査等委員である設立時取締役とそれ以外の設立時取締役とを区別して選任しなければならない（会38Ⅱ）。」

同じく第3章4-3-3-1、通論Ⅰ310頁、下から18行目、「この選任は、」の前に次の文章を挿入する。「設立しようとする会社が監査等委員会設置会社であるときは、設立時監査等委員である設立時取締役は、3人以上でなければならない（会39Ⅱ）。」

同じく第3章4-3-3-1、通論Ⅰ310頁、下から11行目、「また、」の前に次の文章を挿入する。「監査等委員会設置会社の設立にあっては、上の規定中、「取締役」を「監査等委員である取締役またはそれ以外の取締役」と、「当該取締役」を「これらの取締役」と、各々読み替えて適用する（会40Ⅳ）。」

同じく第3章4-3-3-1、通論Ⅰ310頁、下から8行目、「決定する（会41Ⅰ）。」とあるのを、以下のように変更する。「決定するが、監査等委員会設置会社のこの種類株式が、監査等委員である取締役またはそれ以外の取締役につき、各別に種類株主総会において選任するという内容になっておれば、やはり各々の種類の設立時発行株式を引き受けた発起

人の当該種類株式の議決権の過半数をもって、これを決定することになる（会41Ⅰ）。」

同じく第3章4－3－3－1、通論Ⅰ310頁、下から5行目、「（会45Ⅰ・Ⅱ）。」とあるのを「（会45Ⅰ①・Ⅱ）。」に変更の上、これに続けて次の文章を加える。「監査等委員会設置会社の、監査等委員である取締役またはそれ以外の取締役の選解任につき、拒否権付株式が発行されているときも、同様の同意が必要である（会45Ⅰ②・Ⅱ）。」

同じく第3章4－3－3－1の記述中、「（会39Ⅲ参照）」を「（会39Ⅳ参照）」に変更する（通論Ⅰ310頁、下から2行目）。

同じく第3章4－3－3－1、通論Ⅰ311頁、1行目、「設立時取締役を解任」とあるのを、「設立時取締役（会社法38条4項の規定により設立時取締役に選任されたものとみなされたものを含む）を解任」と変更する。

同じく第3章4－3－3－1、通論Ⅰ311頁、上から2行目、「同45条1項1号2項に従う。」とあるのを、「同45条1項1号2号2項に従う。」と変更の上、その後ろに以下の文章を加える。「なお、設立時監査等委員である設立時取締役の解任要件が加重されている点（会43Ⅰかっこ書）に留意すること。」

同じく第3章4－3－3－1の記述中、「委員会設置会社」を「指名委員会等設置会社」に変更する（通論Ⅰ311頁、上から4行目および上から9行目）。

同じく第3章4－3－3－1、通論Ⅰ311頁、上から6行目、「選定しなければならない（会47Ⅰ）。」とあるのを、以下のように変更する。「選定しなければならないが、監査等委員会設置会社の設立にあっては、設立時監査等委員である設立時取締役以外の者からこれを選定しなければならない（会47Ⅰ）。」

第3章4－3－3－2の記述中、「（会38Ⅱ）」を「（会38Ⅲ）」に変更する（通論Ⅰ311頁、下から3行目）。

同じく第3章4－3－3－2の記述中、「（会39Ⅲ、」を「（会39Ⅳ、」に変更する（通論Ⅰ312頁1行目）。また、「（会40Ⅰ・Ⅱ・Ⅳ）」を「（会40Ⅰ・Ⅱ・Ⅴ）」に変更する（通論Ⅰ312頁、上から4行目）。さらに「（会38Ⅲ）」を「（会38Ⅳ）」に変更する（通論Ⅰ312頁、上から9行目）。

商法学通論・補巻Ⅱ

　同じく第3章4-3-3-2、通論Ⅰ312頁、上から10行目、「設立時監査役の解任に関しては、」の段落の文章を次のように変更する。「設立時監査役の解任に関しては、原則として、設立時取締役の場合と同様である（会42、43Ⅴ、44Ⅴ、45Ⅰ④・Ⅱ）。設立時会計参与および設立時会計監査人の解任に関しては、種類設立時発行株式ごとの解任（会44）がない点を除き、設立時取締役の場合と同様である（会42、43Ⅴ、45Ⅰ③⑤・Ⅱ）。」

　第3章4-3-4の記述中、「委員会設置会社」を「指名委員会等設置会社」に変更する（通論Ⅰ313頁、上から2行目）。

3-3-5 募集設立

　第3章4-2-2-1の記述中、「株式申込人」を「申込者」に訂正する（通論Ⅰ315頁、上から2行目）。

　同じく第3章4-2-2-1、通論Ⅰ315頁、上から11行目、「心裡留保または」以下の文章を次のように変更する。「心裡留保または虚偽表示（民93、94参照）による株式の申込みがなされた場合、発起人に悪意または過失があっても、申込みの効力には影響がない（会102Ⅴ、なお同条同項は総額引受契約に係る意思表示の場合を含む）。加えて、株式引受人は、会社の成立後または創立総会もしくは種類株主総会において議決権を行使した後は、錯誤（民95参照）、詐欺または強迫（民96参照）を理由として設立時発行株式の引受けの取消しをすることができない（会102Ⅵ）。」

　第3章4-4-2-2の記述中、「株式申込人」を「申込者」に訂正する（通論Ⅰ318頁、上から6行目）。

　第3章4-4-3、通論Ⅰ319頁、上から2行目、「発起人は、」以下の文章を次のように整理する。「発起人は、申込みの前後に関係なく、また申込者の申込株式数より少ない数を申込者に割り当ててもよく（会60Ⅰ後段）、どの申込者に対して何株割り当てようと自由である（申込株式数より増加して割り当てることはできない）。これを「割当自由の原則」という。株式の割当ては、申込者の株式申込みに対する承諾に当たり、発起人は、設立時募集株式と引換えにする金銭の払込みの期日（その期間を定めたときは、その期間の初日）の前日までに、申込者に対し、この者に割り当てる設立時募集株式の数を通知しなければならない（会60Ⅱ）。

115

割当てによって、申込者は株式引受人となる（会62①）。」

第3章4-4-4-1、通論Ⅰ319頁、下から4行目、「会社法制定前にあっては、」の前に次の文章を挿入する。「なお、引受人の払込みの仮装があった場合の私法上の効果については後述する（本章6-3）。」

第3章4-4-4の記述中、「申込人」を「申込者」に訂正する（通論Ⅰ321頁、下から8行目）。

第3章4-4-5-2の記述中、通論Ⅰ324頁、下から12行目、「位置づけや、」の次に続く文章を以下のものと差し替える。「株式会社成立ノ暁ニ於テ目的事業ヲ遂行スル前提トシテ缺クヘカラサル事項ハ創立総会ニ於テ之カ決議ノ権限ヲ有スルモノナルヤ勿論ナリ」。

同じく第3章4-4-5-2、通論Ⅰ324頁、下から3行目、「次いで、」以下の文章を次のように変更する。「次いで、創立総会は、当該設立しようとする会社の機関設計に応じて、設立時取締役・設立時会計参与・設立時監査役・設立時会計監査人を選任しなければならないが（会88Ⅰ）、設立しようとする会社が監査等委員会設置会社であるときは、設立時取締役の選任は、設立時監査等委員である設立時取締役とそれ以外の設立時取締役とを区別してしなければならない（会88Ⅱ）。」

同じく第3章4-4-5-2の記述中、「（会731Ⅳ）」を「（会731Ⅳただし書）」に改める（通論Ⅰ327頁、上から3行目）。

3-3-6 設立の登記

第3章4-5-1の記述中、「委員会設置会社」を「指名委員会等設置会社」に変更する（通論Ⅰ328頁、下から7行目）。

同じく第3章4-5-1において、設立登記の登記事項を列挙している（通論Ⅰ329-330頁）。このうち、以下の登記事項の記述を次のように変更する。「⑬取締役（監査等委員会設置会社の取締役を除く）の氏名、⑭代表取締役の氏名および住所（指名委員会等設置会社を除く）、㉒監査等委員会設置会社であるときは、その旨およびこれに関する一定の法定事項、㉓指名委員会等設置会社であるときは、その旨およびこれに関する一定の法定事項、㉔取締役等の責任免除に関する定款の定め（会426Ⅰ参照）があるときは、その定め、㉕社外取締役等との責任限定契約の締結に関する定款の定め（会427Ⅰ参照）があるときは、その定め、㉖計算書類の

公告につき、貸借対照表の内容たる情報を定時株主総会終結の日後5年を経過するまでの間、継続して電磁的方法により不特定多数の者に供する状態に置く措置をとった場合（会440Ⅲ）には、法務省令（会施規220）で定める必要事項、㉗会社の公告方法（会939Ⅰ参照）についての定款の定めがあるときは、その定め、㉘上記㉗の定めが電子公告を公告方法とするものであるときは、これに関する一定の法定事項、㉙上記㉗の定めがないときは、官報に掲載する方法を公告方法とする旨（会939Ⅳ参照）。」

　第3章4-5-2の記述中、通論Ⅰ331頁、上から2行目の「すでに述べたように」以下の文章を次のように変更する。「すでに述べたように（本章4-3-1、4-4-2）会社が成立すると、発起人・設立時募集株式の引受人は、錯誤、詐欺または強迫を理由としてその引受けを取り消すことができなくなる（会51Ⅱ、102Ⅴ）。」

3-3-7　設立中の会社

　第3章5-3-3-5の記述中、通論Ⅰ345頁、下から14行目、「また、たとえば」以下の文章を次のように変更する。「また、たとえば主体の誤認などによる錯誤取消しの主張も容易に認められ難いであろう（民95Ⅰ①）。仮に相手方が会社に対して取消しを主張しても、発起人または発起人組合に対する関係では、その主張を制限すべきものと考える。」

3-3-8　設立関与者の責任

3-3-8-1　小見出しの新設

　第3章6-2の記述（通論Ⅰ350-351頁）の後ろに、新たに「6-3　出資の履行を仮装した場合の責任」との表題を設け、その下に、「6-3-1　改正の経緯」および「6-3-2　平成26年(2014年)改正」という小見出しを設ける。その上で、以下の文章を加える。

3-3-8-2　新設「6-3-1」の記述

　平成17年(2005年)会社法制定前の商法192条は、①会社の設立に際して発行する株式で会社の成立後に未だ引受けのないものがあるとき、または株式の申込みが取り消されたとき（制限行為能力者であることもしくは詐害行為を理由とする取消し）は、発起人および会社成立当時の取締役が共同してこれを引き受けたものとみなし、②会社の成立後に払込みまたは現物出資の給付の未済の株式があるときは、発起人および会社成立

当時の取締役が連帯してその払込みをなしまたは給付未済財産の価額の支払いをなす義務を規定していた。このうち、上の①を「発起人・取締役の引受担保責任」と、同じく②を「発起人・取締役の払込み・給付担保責任」と称していた。

　これらの責任は、先に述べた（本章6-2）財産価額塡補責任と共に、発起人等の資本充実責任の一環をなす無過失責任であった。しかし、会社法の下では、設立に際しての出資の引受け、払込みまたは給付のない株式を設立前にすべて失権せしめ（会36Ⅲ、63Ⅲ）、設立の際にも打切発行を認めたため、この責任に関する商法旧規定は削除された。この点に関し、前田庸（1931～2013）は、設立時株式の払込み、現物出資の給付がなされなかった場合には、発起人は、設立事務の執行者として、設立時取締役および設立時監査役は、その監督者として、出資の履行が完了していることについて調査する義務を負っているから（会46Ⅰ③、93Ⅰ③）、この任務を怠った場合に責任を負わされる可能性が大きいと考えられるので（会53Ⅰ、54）、会社法の下でも、これらの者の責任につき実質的に著しい差異が生じたとはいえないと説いていた[139の2]。

　また、平成17年（2005年）改正前商法270条ノ13第1項が、当時の新株発行の際の取締役の引受担保責任に係る規定を設けていたが、これは、設立の場合における発起人・取締役の引受担保責任に対応するものであった[139の3]。この規定も同様に、現行会社法制定の際に削除された。

　上記の諸規定の削除は、前田の解説にもかかわらず、わけても仮装払込みによる募集株式の発行の際における「見せ金」による払込みの問題につき、法律関係が不明確になったとして、手当ての必要性がいわれるようになった[139の4]。

3-3-8-3　新設「6-3-2」の記述

　平成26年（2014年）改正法は、新たに会社法52条の2第1項および同102条の2第1項において、設立の際における出資の履行の仮装につき、対処規定を整備した。すなわち、発起人または設立時募集株式の引受人が、出資の履行を仮装した場合（払込みの仮装を行った場合）には、これらの者は、成立後の会社に対し、仮装払込みに係る金銭の全額（金銭以外の場合には、全部）の支払い（金銭以外の場合には、給付）をする義務

を負うとしたのである。

　この場合には、その発起人・引受人が出資の履行を仮装することに関与した発起人・設立時取締役として法務省令（会施規7の2、18の2）で定める者も、会社に対し、当該発起人・引受人と連帯して、上と同様の義務を負う（会52の2Ⅱ本文・Ⅲ、103Ⅱ本文）。ただし、仮装払込みに関与した発起人・設立時取締役として法務省令で定める者（出資の履行を仮装した者を除く）が、自己の職務を行うことについて注意を怠らなかったことを証明したときは、この義務を免れる（会52の2Ⅱただし書、103Ⅱただし書）。この責任は、出資の仮装への関与に基づく法定の特別責任である。

　出資の履行を仮装した発起人・引受人は、上のいずれかの支払い・給付義務が履行された後でなければ、仮装払込みに係る設立時発行株式について、設立時株主および株主の権利を行使することができない（会52の2Ⅳ、102Ⅲ）。ここに権利を行使することができる者とは、支払い・給付義務の履行者ではなく、当初の発起人・引受人である。支払い・給付義務が履行される前の株式は未成立と解されるべきであるから、出資の仮装が明らかになるまでの間、会社が、株式が存在するかのごとき取扱いをしたとしても、行われた剰余金の配当は無効であり、株主総会における議決権の行使は決議取消事由となる。出資の履行の仮装が明らかになった後は、当該株式数は、総会決議の成立の判断に際し、定足数に算入されず、少数株主権の存否等の判断に際し、分母に算入されない[139の5]。以上は、江頭憲治郎の見解であるが、これは、出資の履行を仮装された株式が、仮装出資者の手許に残っている場合に限ってのことと思われる。なぜなら、仮装払込みをした発起人・引受人から当該設立時発行株式またはその株主となる権利を悪意重過失なしに譲り受けた者は、当該支払い・給付の履行前であっても、設立時株主および株主の権利を行使することができる（会52の2Ⅴ、102Ⅳ）からである。善意無重過失の譲受人が登場すれば、当該株式は、成立したものとみなされざるをえないであろう。

　上によれば、したがって、真正に出資の履行をした株主は、これによって不利益を被る。江頭の言を借りれば、「権利の水割り[139の6]」を被

ることになる。よって、発起人・引受人によるこのような株式の譲渡を阻止すべく、会社を被告とする当該株式の不存在の訴えを本案訴訟として、発起人・引受人による株式の譲渡の禁止を命ずる仮処分（民保23Ⅰ）を求めるべきことになる[(139の7)]。

発起人・引受人の支払い・給付義務は、総株主の同意がなければ免除することができず（会55、102の2Ⅱ）、株主代表訴訟の対象となる（会847Ⅰ）。発起人・設立時取締役の関与者の責任もまた、総株主の同意がなければ免除することができず（会55、103Ⅲ）、株主代表訴訟の対象となる（会847Ⅰ）。

3-3-8-4　旧記述「6-3」以降

通論Ⅰ351頁、「6-3」は「6-4」へ、「6-3-1」は「6-4-1」へ、それぞれ繰り下がる。

変更後の第3章6-4-1（旧6-3-1）の記述中、通論Ⅰ352頁、上から8行目、「発起人の任務は、」の前に次の文章を加える。「民法415条1項の下では、この場合の発起人の債務不履行責任に関しては、債務の発生原因および取引上の社会通念に照らして免責の可否が判断されることになり、その免責事由は必ずしも過失とイコールではない。しかし、発起人がその任務を懈怠したか否かを評価するにあたっては、会社法53条2項との対照上も、発起人の過失を損害賠償責任の存否の判断中に取り込むことができよう。」

通論Ⅰ352頁、「6-3-2」は「6-4-2」へ繰り下がる。

通論Ⅰ353頁、「6-4」は「6-5」へ繰り下がる。

変更後の第3章6-5（旧6-4）の記述中、通論Ⅰ353頁、下から8行目、「会社法52条ないし56条、」以下の文章を次のように変更する。「会社法52条ないし56条、同103条1項ないし3項の適用を受ける（会103Ⅳ）。」

通論Ⅰ354-355頁、「6-5　補遺」の表題および文章をすべて削除する。

3-3-9　会社の不成立

第3章7-1の記述中、「（会103Ⅱ）」を「（会103Ⅳ）」に変更する（通論Ⅰ357頁、上から2行目）。

第3章7-2-2の記述中、通論Ⅰ357頁、下から5行目、「無効原因で

ある。」の後ろに続けて、次の文章を加える。「これに加え、出資の履行の仮装の結果、実際に出資された財産の価額が会社法27条4号に定める額を下回っており、同52条の2、同102条の2および同103条の支払い・給付義務によって当該不足額が塡補される見込みも立たない場合には、そのことが設立無効原因となる[(153の2)]。」

　第3章7－2－3の記述中、「委員会設置会社」を「指名委員会等設置会社」に変更する（通論Ⅰ358頁7－2－3、上から6行目）。

◆ 3－4　第4章関係

　第4章2－2－1の記述中、通論Ⅱ5頁、下から8行目、「意思能力」を「意思能力（民3の2）」に変更し、「錯誤（民95）」を削除する。

　第4章2－2－2の記述中、通論Ⅱ6頁、6行目、「または設立行為に係る」以下の文章を次のように変更する。「または設立行為に係る意思表示が錯誤、詐欺もしくは強迫に基づくものであること（民95、96参照）、」。

　同じく第4章2－2－2の記述中、「民法424条（詐害行為取消権）」を「民法424条（詐害行為取消請求）」に変更する（通論Ⅱ6頁、上から10行目）。

◆ 3－5　第5章関係

　この機会に、通論Ⅱ25頁、上から13行目および18行目の「営業上・事実上」は「営業上・事業上」の誤り。同じく通論Ⅱ26頁、上から12行目の「採られる」は「執られる」の誤り。

　この機会に、通論Ⅱ43頁、上から2行目、「非訴2」は「非訟2」の誤り。

　通論Ⅱ57頁、最終行の「なお委員会設置会社にあっては、」以下の文章を次のように変更する。「なお監査等委員会設置会社にあっては、取締役の過半数が社外取締役である場合または取締役会の決議によって重要な業務執行の決定の全部または一部を取締役に委任することができる旨の定款の定めがある場合には、取締役会が使用人の選解任を代表取締役等に委任すれば、代表取締役等がこれを選任できるし（会399の13Ⅴ柱

書本文)、指名委員会等設置会社にあっては、取締役会が使用人の選解任を執行役に委任すれば、代表執行役がこれを選任できる（会418、416Ⅳ柱書本文）。」

　通論Ⅱ58頁、上から11行目、「ただ、株式会社の監査役は、」以下の文章を次のように変更する。「ただ、株式会社の監査役は、当該会社またはその子会社の支配人を兼ねることができず（会335Ⅱ）、監査等委員会設置会社の監査等委員である取締役は、当該会社またはその子会社の支配人を兼ねることができず（会331Ⅲ）、また指名委員会等設置会社の取締役は当該会社の支配人を兼ねることができない（会331Ⅳ）。」

　通論Ⅱ62頁、下から12行目、「取締役会設置会社（委員会設置会社を除く）にあっては、」以下の文章を次のように変更する。「取締役会設置会社（監査等委員会設置会社および指名委員会等設置会社を除く）にあっては、重要な財産の処分・譲受け、多額の借財が取締役会の専決事項とされ、または特別取締役会による議決が必要とされており（会362Ⅳ①②、373）、監査等委員会設置会社においても、これらの事項は原則として取締役会の専決事項である（会399の13Ⅳ①②）。」

　通論Ⅱ62頁、下から5行目、「委員会設置会社」を「指名委員会等設置会社」に変更する。

　通論Ⅱ63頁、上から17行目、「ただし、支配人の権限濫用行為に関して」以下の文章を次のように変更する。「ただし、支配人の権限濫用行為に関して相手方が悪意有過失の場合には、この者を保護する必要はないから、当該行為は無権代理行為とみなされる（民107ただし書）。」

　通論Ⅱ77頁、上から11行目、「民法109条」を「民法109条1項」に改める。同じく通論Ⅱ85頁下から3行目、「民法109条」を「民法109条1項」に改める。

　通論Ⅱ87頁、下から10行目、「民法651条2項本文」を「民法651条2項1号」に改める。

　通論Ⅱ88頁、上から3行目、「このような解除がなされた場合に」以下の文章を次のように変更する。「このような解除がなされた場合には、民法652条、同620条後段の規定に基づき、相手方はその損害の賠償をすることを妨げられない。」

通論Ⅱ89頁、上から4行目、改正商法（案）の現代語化を先取りすれば、「媒介ヲ為スヲ業トスル」は「媒介をすることを業とする」となる。

　通論Ⅱ92頁、上から7行目、改正商法（案）の現代語化を先取りすれば、「行為カ完了スルマテ」は「行為が完了するまで」となる。

　通論Ⅱ93頁、改正商法（案）の現代語化を先取りすれば、下から6行目および下から4行目の「署名」という記述は「署名または記名押印」となる。

　通論Ⅱ96頁、下から7行目、「民法130条」を「民法130条1項」に改める。

　通論Ⅱ99頁、上から12行目、改正商法（案）を先取りすれば、「（商559〜568）」は「（改商（案）559〜564）」となる。

　通論Ⅱ99頁、下から6行目、改正商法（案）の現代語化を先取りすれば、「問屋と委託者との間の関係については、この章に定めるもののほか、委任及び代理に関する規定を準用する。」となる。

　通論Ⅱ100頁、下から11行目、「代理人はやむをえない事由があるときは」以下の文章を次のように変更する。「代理人はやむをえない事由があるときは復代理人を選任できるとする民法104条は、問屋契約における問屋と委託者との間にも準用されると解されている（代理人は復代理人の委任および監督について本人に対して責任を負う旨の平成29年（2017年）改正前民法105条は削除され、この点に関しては、代理権授与契約の債務不履行として、債務不履行の一般規定によって処理されることとなる）。」

　通論Ⅱ100頁、下から5行目、「民法107条2項」を「民法106条2項」に変更する。

　通論Ⅱ102頁、上から13行目、改正商法（案）の現代語化を先取りすれば「問屋と委託者との間」となる。

　通論Ⅱ104頁、下から10行目、「民法101条2項」を「民法101条3項」に変更する。

　通論Ⅱ111頁、下から8行目、「（民570、534〜536、商526〜528）」を「（民566、536、商526〜528）」に変更する。

◆ 3-6 第6章関係

通論Ⅱ116頁、下から6行目、「(会911㉒ハ)」を「(会911㉓ハ)」に変更する。

この機会に、通論Ⅱ118頁、上から4行目、同119頁1行目および同122頁下から10行目、「旧非訴事件手続法」は「旧非訟事件手続法」の誤り。

この機会に、通論Ⅱ132頁、上から8行目、「民集28巻2号368項」は「民集28巻2号368頁」の誤り。

この機会に、通論Ⅱ133頁、下から16行目、「松田二朗」は「松田二郎」の誤り。

通論Ⅱ135頁、上から2行目および下から5行目、「民法112条」を「民法112条1項」に変更する。

同じく通論Ⅱ136頁、上から3行目、同上から10行目、同上から14行目、同上から18行目同最終行および同137頁上から3行目の「民法112条」を「民法112条1項」に変更する。

この機会に、通論Ⅱ137頁、下から5行目、「表見代理取締役」は「表見代表取締役」の誤り。

通論Ⅱ141頁、上から3行目、「民法112条」を「民法112条1項」に変更する。

◆ 3-7 第2帖脚注補訂

3-7-1 第1章脚注更新

(10)～(12) 削除

(13) 内田貴『民法Ⅱ(第3版)』(東京大学出版会・2012年)311頁。

(17) 内田・注(13)前掲312頁。

(19) 内田・注(13)前掲314頁。

(60) 近藤光男『商法総則・商行為法(第6版)』(有斐閣・2013年)174頁、

(62) 田邊光政『商法総則・商行為法(第4版)』(新世社・2016年)246頁、

(64) 近藤・注(60)前掲176頁。

(65)　田邊・注(62)前掲250頁。

(69)　近藤・注(60)前掲176頁。

(77)　田邊・注(62)前掲247頁。

(82)　田邊・注(62)前掲247頁、

(86)　田邊・注(62)前掲251頁参照。

(88)　田邊・注(62)前掲251-252頁。

3-7-2　第2章脚注更新

(12)　大隅・注(7)前掲132頁参照。

(13)　大隅・同前133頁参照。

(14)　大隅・同前。

(31)　近藤光男『商法総則・商行為法(第6版)』(有斐閣・2013年) 25頁、青竹正一『特別講義改正商法総則・商行為法(第3版)』(成文堂・2012年) 29頁。

3-7-3　第3章脚注更新

(3)　神田秀樹『会社法(第19版)』(弘文堂・2017年) 43頁脚注(1)参照、

(5)　江頭憲治郎『株式会社法(第6版)』(有斐閣・2015年) 65頁脚注(2)、

(11)　江頭・注(5)前掲67頁。

(13)　青竹正一『新会社法(第4版)』(信山社・2015年) 60頁。

(18)　江頭・注(5)前掲70頁。

(21)　青竹・注(13)前掲60頁参照。

(26)　江頭・注(5)前掲70頁。

(27)　同前71頁脚注(7)。

(33)　江頭・注(5)前掲75頁。

(41)　江頭・注(5)前掲78頁脚注(3)参照。

(42)　神田・注(3)前掲50頁。

(50)　青竹・注(13)前掲69頁。

(54)　江頭・注(5)前掲82頁脚注(3)参照。

(60)　江頭・注(5)前掲86頁。

(61)　同前87頁。

(63)　江頭・注(5)前掲90頁。

(72)　江頭・注(5)前掲96頁。

(74)　神田・注(3)前掲51頁脚注(4)参照。

(76)　江頭・注(5)前掲97頁。

(79)　江頭・注(5)前掲94頁。

(86)　江頭・注(5)前掲98頁参照。

(88)　江頭・注(5)前掲101頁脚注(4)参照、青竹・注(13)前掲76頁。

(90)　江頭・注(5)前掲103頁。

(91)　江頭・同前107頁脚注(1)。

(93)　加美和照『新訂会社法(第10版)』(勁草書房・2011年) 88頁参照。

(94)　神田・注(3)前掲58頁、江頭・注(5)前掲107頁脚注(2)。

(95)　加美・注(93)前掲88頁。

(130)　加美・注(93)前掲91頁参照。

(132)　加美・注(93)前掲98-99頁、

(139)　江頭・注(5)前掲110頁脚注(1)参照。

(139の2)　前田庸『会社法入門(第12版)』(有斐閣・2009年) 81-82頁。

(139の3)　北澤・注(1)前掲520頁。

(139の4)　岩原紳作「「会社法制の見直しに関する要綱案の解説（Ⅱ）」商事法務1976号(2012年) 10頁参照。

(139の5)　江頭・注(5)前掲112頁脚注(2)。

(139の6)　同前脚注(3)。

(139の7)　同前。

(140)　青竹・注(13)前掲80頁。

(142)　江頭・注(5)前掲113頁。

(144)　青竹・注(13)前掲82頁。

(146)　江頭・注(5)前掲114頁脚注(1)。

(147)　青竹・注(13)前掲82頁。

(148)　削除

(149)　弥永真生『リーガルマインド会社法(第14版)』(有斐閣・2015年) 299頁、

(151)　青竹・注(13)前掲82頁参照。

(153)　青竹・注(13)前掲83頁。

(153の2) 江頭・注(5)前掲112頁脚注(3)。

3-7-4　第4章脚注更新

(9)　奥島孝康：落合誠一：浜田道代編『新基本法コンメンタール会社法3（第2版）』（日本評論社・2015年）531頁〔浜田道代〕。

(11)　弥永真生『リーガルマインド会社法(第14版)』（有斐閣・2015年）467頁脚注(20)参照。

3-7-5　第5章脚注更新

(4)　青竹正一『特別講義改正商法総則・商行為法(第3版)』（成文堂・2012年）48頁。

(31)　田邊光政『商法総則・商行為法(第4版)』（新世社・2016年）89頁。

(46)　青竹・注(4)前掲53頁、

(52)　田邊・注(31)前掲91頁参照。

(78)　青竹・注(4)前掲55頁。

(83)　青竹・注(4)前掲57頁、

(98)　青竹・注(4)前掲59頁、

(118)　田邊・注(31)前掲142頁。

(135)　青竹・注(4)前掲77-78頁参照。

(149)　近藤光男『商法総則・商行為法(第6版)』（有斐閣・2013年）81頁。

(182)　青竹・注(4)前掲82-83頁参照。

(193)　青竹・注(4)前掲85頁。

(201)　青竹・注(4)前掲85-86頁。

(203)　青竹・注(4)前掲86頁、

(205)　青竹・注(4)前掲86頁。

(211)　青竹・注(4)前掲87頁、

(212)　近藤・注(149)前掲91-92頁。

(213)　青竹・注(4)前掲87頁、

(224)　青竹・注(4)前掲87頁、

(228)　青竹・注(4)前掲89頁、

(244)　青竹・注(4)前掲92-93頁。

(248) 青竹・注(4)前掲93頁、

(252) 青竹・注(4)前掲178頁。

(253) 近藤・注(149)前掲180頁、

(254) 近藤・同前181頁。

(256) 江頭憲治郎『商取引法(第7版)』(弘文堂・2013年) 222頁。

(259) 近藤・注(149)前掲181頁。

(262) 江頭・注(256)前掲224-225頁。

(264) 江頭・注(256)前掲224-225頁。

(265) 同前225頁、

(267) 江頭・注(256)前掲225-226頁。

(268) 青竹・注(4)前掲179頁、

(269) 近藤・注(149)前掲183頁、江頭・注(256)前掲227頁。

(272) 江頭・注(256)前掲228頁。

(274) 青竹・注(4)前掲180頁、近藤・注(149)前掲184頁、江頭・注(256)前掲229頁脚注(2)。

(275) 田邊・注(31)前掲261頁。

(276) 青竹・注(4)前掲181頁、江頭・注(256)前掲230頁。

(279) 江頭・注(256)前掲230頁。

(282) 近藤・注(149)前掲186頁、

(283) 江頭・注(256)前掲232頁。

(284) 青竹・注(4)前掲182頁、近藤・注(149)前掲186頁、

(286) 江頭・注(256)前掲232頁。

(287) 青竹・注(4)前掲183頁、

(288) 近藤・注(149)前掲188頁、江頭・注(256)前掲236頁。

(289) 江頭・同前237頁脚注(1)。

(292) 田邊・注(31)前掲266-267頁

(293) 青竹・注(4)前掲187-188頁、江頭・注(256)前掲241-242頁。

(294) 田邊・注(31)前掲268頁。

(295) 近藤・注(149)前掲189頁。

(297) 田邊・注(31)前掲268頁、

(298) 近藤・注(149)前掲189頁。

(299) 田邊・注(31)前掲268頁。

(305) 竹田省『商行為法』(弘文堂書房・1931年) 138-139頁。

(307) 青竹・注(4)前掲190頁、

(308) 青竹・同前191頁、田邊・注(31)前掲273-274頁、江頭・注(256)前掲259頁。

(309) 近藤・注(149)前掲191頁参照。

(310) 江頭・注(256)前掲260頁。

(311) 青竹・注(4)前掲191頁。

(312) 江頭・同前260頁、近藤・注(149)前掲191-192頁。

(313) 近藤・同前192頁、田邊・注(31)前掲274頁。

(314) 江頭・注(256)前掲245頁。

(315) 青竹・注(4)前掲192頁。

(316) 田邊・注(31)前掲271頁、

(318) 江頭・注(256)前掲246頁参照。

(319) 田邊・注(31)前掲270-271頁。

(320) 青竹・注(4)前掲193頁。

(323) 江頭・注(256)前掲250頁。

(324) 同前251頁、

(326) 青竹・注(4)前掲194頁。

(329) 江頭・注(256)前掲255頁。

(331) 青竹・注(4)前掲195頁。

(333) 近藤・注(149)前掲196頁。

(335) 江頭・注(256)前掲248頁。

(337) 江頭・注(256)前掲249頁脚注(7)。

(341) 江頭・注(256)前掲248頁参照。

3-7-6 第6章脚注更新

(3) 田邊光政『商法総則・商行為法(第4版)』(新世社・2016年) 123頁、

(6) 近藤光男『商法総則・商行為法(第6版)』(有斐閣・2013年) 39頁。

(23) 近藤・注(6)前掲43頁参照。

⑷　青竹正一『特別講義改正商法総則・商行為法（第3版）』（成文堂・2012年）37頁。

㉟　田邊・注⑶前掲128頁。

㊹　青竹・注㉔前掲39頁。

⑩　各同前。

〔追記〕

　本書の再校後に江頭憲治郎『株式会社法（第7版）』（有斐閣・2017年）が刊行されたが、改正運送法（案）の要諦を早期に公表することを優先したため、脚注の更新は第6版のままとなっている。

〔『商法学通論Ⅰ～Ⅴ』補訂〕

〔『商法学通論〔補巻Ⅰ〕』補訂〕

【正誤表】誤植についてお詫びし、以下のとおり訂正させて頂きます。

・7頁〔1-1-1〕上から1行目
　　（誤）第2章第2　→　（正）第2章第2節
・114頁上から3行目
　　（誤）特ニ特ニ　→　（正）特ニ
・148頁下から5行目
　　（誤）494条1項2号　→　（正）494条1項1号
・169頁〔12-3-2〕上から1行目
　　（誤）519条の9　→　（正）520条の9
・178頁上から4行目
　　（誤）ウィーン売買契約　→　（正）ウィーン売買条約
・180頁〔1-11-1〕上から5行目
　　（誤）523条3項　→　（正）525条3項

「会社」の語源考

　こうして単著のあとがきを記している。不思議な気分である。この病を得て以来、多くの人達から「実際のところ、どうなんだ」というご心配を頂いている。本書を書き終えた時点で現状を述べれば、1人で籠もる分には、さほど苦痛も感じないので、いわゆる Armchair Detective（横になっている時間が長いので、Bed Detective の方が相応しいか）程度は出来そうである。この際であるから、「会社」の語源を考えてみることにした。

　　　　　　　＊　　　　　＊　　　　　＊

　「会社」の語源を考えるのに「デテクティブ」ではニュアンスが変であるかも知れないが、文献による実証ができない以上、「推理」の域にとどまるものである。

　かねてより、暇な折に、この語源を探究すべく、様々な文献に当たってみたが、結局、不明であった。若い頃に、浜田道代先生と、この話題について雑談を交したことがあるが、浜田先生は、「会所由来説」であったと記憶している。その当時は、それも有りかな、という程度の認識であったが、「会所」では、「カンパニー」としては、あまりに規模が小さ過ぎてイメージに合わないという気がする。

　以下、現時点で考えた私の推理を述べてみたい。

　　　　　　　＊　　　　　＊　　　　　＊

　蘭学者を筆頭に、江戸幕末期の日本人の知識階級の知的好奇心の凄まじさには圧倒されるものがある。彼等は、どのような疑問であれ、積極的に泰西人に質問することを厭わなかった。したがって、おそらく始まりは、「貴国の『コンペニー』とは如何なるものでござるか、わが国の大店（おおだな）のようなものでござるか」という質問であったに違いない。

　これに対する泰西人の回答は、「その生業とするところは大店に共通するが、資本の規模においては、大店が束になっても及ぶべくもなく、組織の運営・管理の能力も高く、したがって、収益もまた莫大である」

といった主旨であったろう。そうすると、当然これに続けて、そのような大きな資本をどのようにして形成すればよいのかという質問が投げ掛けられたと思われる。泰西人は、目的を同じくする多くの人々が資金を拠出し合えば、大きい資本を形成することが可能であり、合議・互選あるいは選挙によって、商才の豊かな者が組織を経営し、利益が出れば、これを配当という形で出資者に還元するのだと教示したことであろう。日本人は、コンペニーのこの素朴なイメージから出発したのではなかろうか。

わが国には、鎌倉時代以来の「講」という慣習がある。多くは宗教講であるが、「講」の内容・構造は複雑多岐であって、いわゆる社会講・経済講の伝統をも有する。「多くの者が資金を拠出し合って資本を形成する」と聞いた日本人は、さしあたり卑近な経済講にこの行為を投影したことであろう。彼等は、これは「講社」の手法に似ていると感じたのではなかろうか。しかし、日本固有の経済講は、頼母子講や無尽講に代表されるように、出資者の相互扶助組織にとどまるものであったから、出資者の出資金を集めて資本とし、それを元手に積極的に事業活動を営むという発想は、新鮮なものとして心に届いたであろう。また、利益配当という還元方法は、相互扶助的手法から遠い距離にはないので、受容しやすいものであったと思われる。もっとも、江戸時代は、身分制度が厳しく固定されていたから、結社しても、自由な事業活動が困難ではあったろう。「講」という手法に馴染んでいた日本人は、マチ・ムラといった地縁さらには血縁を超えて、資金を拠出する「社団」の継受をさほど困難なものとは感じなかったのであろう。

しかし、「講社」という単語は、営利社団には転用し難かったに相違ない。なぜならば、この単語は、そのまま用いるには宗教色（仏教色）があまりに強過ぎたからである。

＊　　　　＊　　　　＊

ここからは、「講社」から「会社」への転換についての推理を綴る。そのために、１人のスコットランド出身の若者に登場願おう。彼の名はThomas Blake Gloverである。トマス・グラバーの来日は、安政６年（1859年）、開港後約１年の長崎に、Jardine, Matheson and Co, Ltd. の長

崎代理人として着任した。この時、わずか21歳である。このジャーディン・マセソン社というのも、かなり曲者じみた会社であり、清朝時代を経て、民国統治下さらには共産中国でも根を下ろしているが、これ以上は触れない。マセソン社よりも強かなのは、グラバーである。只者ではない。早くも文久元年（1861年）には独立して、グラバー商会を設立し、自ら事業者になった（マセソン社の代理店の地位もちゃっかり握っていた）。

漸くここまで辿り着いた。さて、問題とすべきは、「グラバー商会」という商号である。日本史の教科書にも、また幕末を扱った歴史小説にも、ただ「グラバー商会」とのみ書いてあるので、盲点ではあったが、グラバー商会の英語表記は、"Glover Trading Company"である。これをおそらく誰か異能の日本人が「グラバー商会」と訳したものと思われる。すなわち、「Trading＝商」であり、「Company＝会」である。ここに「Company」は初めて「会」という漢字に出逢ったのである。私の知る限りでは、これが「Company」という単語が「会」の字と結合した最初の例である（福沢諭吉が、おそらく「社団」の意で「会社」という単語を用いたのが慶応２年（1866年）であるから、これよりも早い）。どうやら、当時の関係者は、グラバー商会という呼称を普通に使用していた節がある（ガラバヤ商会と発音していたのではないか）。

周知のように、グラバーは、明治維新の隠の功労者である。当時の雄藩に最新兵器を売り渡していたし（幕府とさえ取引があった）、亀山社中とも取引していた。また、薩摩や長州の藩士の英国留学の手助けも行っている。いわゆる長州ファイブの留学は、彼の援助が大きいし、彼が関与した薩摩の留学生からは、五代友厚といった実業家も出ている。さらに、日本人に初めて契約概念を説いたのも彼であったと伝えられる（この点は、三菱グループの従業員なら耳にしたことがあるのではなかろうか）。

明治最初の太政官政府（周知のように、会社設立免許主義を採用した政府である）には、したがって、彼の薫陶を受けた若者たちがかなり中枢の席を占めていたと思われる。この若者たちが、そうと自覚することなく、グラバーへの敬意から、自然と脳裡に刻まれていた「Company＝会」という図式を「講社」と合体させ、「講」を「会」に変換して、「会社」という造語を作ったという推理はいかがであろう。

　　　　　＊　　　　＊　　　　＊

　余技として、上のような推理をする程度の気力は戻りつつある。それゆえ、さほど重篤ではない。ただ、心因性の病の厄介な点は、時に気分が落ち込むことである。万葉の旋頭歌にあるように「白珠(しらたま)は人に知らえず知らずともよし知らずとも吾(われ)し知れらば知らずともよし」と世を拗ねる気分に陥ることもある。今は気力の恢復を待つ秋(とき)である。いずれは、晩年の山上憶良が叫んだように「士(をのこ)やも空しかるべき万代(よろずよ)に語り継ぐべき名は立てずして」という心境が戻るように願うばかりである。

　平成29年10月

　　　　　　　　　　　　　　　　　　　　　　　　淺 木 愼 一

【事項索引】

い

一部航海傭船契約の法定終了・法定
　解除 ……………………………………*61*
一部傭船契約の任意解除 ……………*57*
違法船積品の陸揚げ等 ………………*46*

う

受取船荷証券 …………………………*64*
運航能力 ………………………………*44*
運送（陸上運送における意義）………*6*
運送状 ……………………………………*8*
運送賃の支払時期 ……………………*12*
運送取扱営業の規整 …………………*74*
運送人
　──（定義）…………………………*5*
　──の責任の消滅（規律の要諦）…*26*
　──の責任の消滅（下請運送人へ
　　の求償出訴期間）………………*31*
　──の責任の消滅（出訴期間の合
　　意延長）…………………………*30*
　──の責任の消滅(短期出訴期間)…*28*
　──の損害賠償責任（原則）………*13*
　──の損害賠償責任（履行補助者
　　の故意過失）……………………*14*
　──の損害賠償責任額（運送品の
　　延着の場合）……………………*15*
　──の損害賠償責任額（運送品の
　　滅失・損傷の場合）……………*14*
　──の被用者の不法行為責任 ……*34*
　──の不法行為責任 ………………*32*
　──の留置権(被担保債権の範囲)…*13*
運送品
　──の供託・競売 …………………*24*
　──の競売（個品運送の場合）……*47*
　──の船積み・積付け ……………*41*

お

往復航海 ………………………………*55*
送り状
　──の交付 ……………………………*8*
　──の法定記載事項 …………………*8*

か

海上運送（定義）………………………*6*
海上運送状
　──（意義）…………………………*72*
　──交付義務 ………………………*73*
　──の記載事項 ……………………*73*
　──の文言証券性 …………………*73*
海上運送人の責任の減免特約 ………*45*
貨物引換証（制度の廃止）……………*35*

き

危険物
　──（意義）…………………………*10*
　──に関する注意義務（義務違反
　　と免責）…………………………*11*
　──に関する通知義務（総論）……*9*
寄託の条文番号 ………………………*79*

く

空積運送賃 ……………………………*56*

け

携帯手荷物に対する責任 ……………*39*

こ

航海船 …………………………………*50*
航海傭船契約（定義）…………………*51*
高価品の特則
　──（原則）…………………………*16*
　──（適用除外）……………………*17*
航空運送（定義）………………………*7*
航空機（定義）…………………………*7*
個品運送契約
　──（定義）…………………………*41*
　──の法定終了・法定解除権 ……*49*

さ

再運送契約 ……………………………*58*
再運送人 ………………………………*58*

し

主運送契約 ……………………………*58*
主運送人 ………………………………*58*

137

事項索引

せ

船長に対する必要書類の交付 …………42
船長の発航権 ………………………54
船舶（定義）…………………………6
全部航海傭船契約
　——の法定解除 ………………60
　——の法定終了 ………………59
全部航海傭船特約の運送品の減失・
　代品船積み ……………………61

そ

倉庫営業の規整 …………………76
倉庫証券（単券主義の採用）……76
相次運送人の権利義務 …………20

た

第三者による船積み ……………53
滞船料 ……………………………53
託送手荷物に対する責任 ………39
堪貨能力 …………………………44
堪航能力
　——（狭義）……………………44
　——（広義）……………………44
堪航能力担保義務
　——（過失責任主義）…………43
　——（定義）……………………43

つ

積荷を航海の用に供すること ……50

て

定期傭船契約 ……………………51

と

到達地と引渡地 …………………24

に

荷受人
　——の運送賃支払義務等（個品運
　　送の場合）……………………46
　——の権利義務等 ……………22
荷送人
　——による発航後の任意解除権
　　（個品運送の場合）…………49
　——による発航前の任意解除権
　　（個品運送の場合）…………48
　——の運送品処分権 …………21

は

裸傭船契約 ………………………51

ひ

非航海船 …………………………51

ふ

複合運送（定義）…………………18
複合運送証券 ……………………71
複合運送人の損害賠償責任 ……19
複合航海 …………………………55
物品（意義）………………………6
物品運送契約（定義）……………7
船積準備整頓通知義務 …………52
船積船荷証券 ……………………63
船荷証券交付義務 ………………63
船荷証券
　——の受戻証券性 ……………68
　——の危機 ……………………72
　——の記載事項 ………………64
　——の債権的効力 ……………67
　——の作成ある場合の特則 …70
　——の作成に係る荷送人・傭船者
　　の通知 ………………………65
　——の譲渡・質入れ …………68
　——の処分証券性 ……………67
　——の数通発行 ………………68
　——の謄本の交付 ……………65
　——の複本所持人による請求 …69
　——の物権的効力 ……………68
　——の文言証券性 ……………67

み

民法の規定に基づく陸上運送債権有
　価証券 …………………………35

む

無謀な行為 ………………………18

よ

傭船契約
　——（狭義）……………………51
　——（広義）……………………51
傭船者

——による発航後の任意解除権 …… 56
　　——による発航前の任意解除権 …… 55
　　——の発航請求権 …………………… 53

り

陸揚準備整頓通知義務 ……………… 54
陸上運送（定義）……………………… 5

旅客（意義）……………………………… 6
旅客運送契約
　　——（定義）………………………… 36
　　——（免責特約の禁止）…………… 37
旅客運送人
　　——の債権の消滅時効 …………… 40
　　——の責任 ………………………… 36

【条文索引】

(現…現行法、改…改正法(案))

◆ 民 法 ◆

民174③(平29改前) ·················· *40*
民415 I ···························· *12, 14*
民566 ······························ *27*
民536 I (平成29改前) ················ *12*
民536 I (平成29改後) ················ *12*
民633 ······························ *12*

◆ 商 法 ◆

商559(現) ·························· *75*
商559(改) ·························· *75*
商560(現) ·························· *75*
商560(改) ·························· *75*
商561(現) ·························· *75*
商561(改) ·························· *75*
商562(改) ·························· *75*
商563(現) ·························· *76*
商563(改) ·························· *75*
商564(現) ·························· *76*
商564(改) ·························· *75*
商565(現) ·························· *75*
商566(現) ·························· *76*
商567(現) ·························· *76*
商568(現) ·························· *75*
商569①(改) ························· *5*
商569②(改) ························· *5*
商569③(改) ························· *6*
商569④(改) ························· *7*
商569(現) ··························· *4*
商570(現) ··························· *8*
商570(改) ··························· *7*
商571 I (改) ························ *8*
商571 II (改) ······················· *8*
商571(現) ·························· *35*
商572(現) ·························· *35*
商572(改) ··························· *9*
商573(現) ·························· *36*
商573 I (改) ······················· *12*
商573 II (改) ······················ *12*
商573 III (改) ····················· *13*
商574(現) ·························· *35*
商574(改) ·························· *13*

商575(現) ·························· *36*
商575(改) ·························· *13*
商576(現) ·························· *12*
商576 I (改) ······················· *14*
商576 II (現) ······················ *13*
商576 II (改) ······················ *15*
商576 III (改) ····················· *15*
商577(現) ·························· *13*
商577 I (改) ······················· *16*
商577 II ①(改) ···················· *17*
商577 II ②(改) ···················· *17*
商578(現) ·························· *16*
商578 I (改) ······················· *19*
商578 II (改) ······················ *20*
商579(現) ·························· *20*
商579 I (改) ······················· *20*
商579 II (改) ······················ *20*
商579 III (改) ····················· *20*
商579 IV (改) ······················ *21*
商580 I (現) ······················· *14*
商580 II (現) ······················ *14*
商580 III (現) ····················· *15*
商580前段(改) ······················ *21*
商580後段(改) ······················ *22*
商581(現) ·························· *15, 18*
商581 I (改) ······················· *22*
商581 II (改) ······················ *22*
商581 III (改) ····················· *24*
商582 I (現) ······················· *21*
商582 I (改) ······················· *25*
商582 II (現) ······················ *24*
商582 II (改) ······················ *25*
商582 III (改) ····················· *26*
商582 IV (改) ······················ *26*
商582 V (改) ······················· *26*
商583前段(改) ······················ *25*
商583後段(改) ······················ *25*
商583 I (現) ······················· *23*
商583 II (現) ······················ *24*
商584(現) ·························· *36*
商584 I 本文(改) ··················· *26*
商584 I ただし書(改) ··············· *27*
商584 II (改) ······················ *27*

商584Ⅲ(改)	28	商604(改)	77
商585(現)	24	商605(改)	77
商585Ⅰ(改)	29	商606(改)	77
商585Ⅱ(改)	30	商607(改)	77
商585Ⅲ(改)	31	商608(改)	77
商586(現)	24	商609(改)	77
商586(改)	32	商610(改)	78
商587(現)	26	商611(改)	78
商587(改)	32	商612(改)	78
商588Ⅰ本文(現)	26	商613(改)	78
商588Ⅰただし書(現)	27	商614(改)	78
商588Ⅰ(改)	34	商615(改)	78
商588Ⅱ(改)	35	商616Ⅰ(現)	77
商588Ⅱ(現)	27	商616Ⅱ(現)	78
商589(現)	13, 20, 28, 32	商616(改)	78
商589(改)	36	商617(現)	78
商590(改)	36	商617(改)	78
商590Ⅰ(現)	36	商618(現)	78
商590Ⅱ(現)	37, 39	商619(現)	78
商591Ⅰ(現)	39	商620(現)	78
商591Ⅰ(改)	37	商624Ⅰ前段(現)	78
商591Ⅱ(改)	38	商624Ⅰ後段(現)	78
商592(現)	39	商624Ⅱ(現)	78
商592Ⅰ(改)	39	商625(現)	78
商592Ⅱ(改)	39	商626(現)	78
商592Ⅲ(改)	39	商627Ⅰ(現)	76
商592Ⅵ(改)	39	商627Ⅱ(現)	77
商593(現)	79	商628(現)	78
商593Ⅰ(改)	39	商712Ⅰ(改)	50
商593Ⅱ(改)	40	商719(現)	50
商594(現)	40	商737(現)	52
商594(改)	40	商737Ⅰ(改)	41
商595(改)	44, 79	商737Ⅱ(改)	42
商596(現)	79	商738(改)	42
商596(改)	79	商738(現)	43
商597(現)	76	商739(現)	43, 44
商597(改)	79	商739Ⅰ(改)	43
商598(現)	76	商739Ⅱ(改)	44
商599(現)	77	商740Ⅰ(改)	46
商599(改)	76	商740Ⅰ本文(現)	46
商600(現)	77	商740Ⅰただし書(改)	46
商600(改)	76	商740Ⅱ(現)	46
商601(改)	77	商740Ⅱ(改)	46
商602(改)	77	商740Ⅲ(改)	46
商603(改)	77	商741Ⅰ(現)	52
商603Ⅰ(現)	77	商741Ⅰ(改)	46
商603Ⅱ(現)	77	商741Ⅱ前段(現)	52

条文索引

商741Ⅱ後段(現) …… 52	商755(現) …… 47
商741Ⅱ(改) …… 46	商755(改) …… 57
商741Ⅲ(現) …… 52	商756(現) …… 48
商742(現) …… 53	商756Ⅰ(改) …… 57
商742(改) …… 47	商756Ⅱ(改) …… 57
商743(改) …… 48	商757Ⅰ(現) …… 47
商743Ⅰ(現) …… 53	商757Ⅰ(改) …… 63
商743Ⅱ(現) …… 54	商757Ⅱ(現) …… 47
商744(現) …… 54	商757Ⅱ(改) …… 64
商744(改) …… 49	商757Ⅲ(現) …… 47
商745(改) …… 49	商757Ⅲ(改) …… 64
商745Ⅰ(現) …… 49, 55	商758(現) …… 47
商745Ⅱ(現) …… 55	商758Ⅰ(改) …… 64
商745Ⅲ(現) …… 48, 56	商758Ⅱ(改) …… 64
商745Ⅳ(現) …… 56	商759(現) …… 58
商746(改) …… 50	商759Ⅰ(改) …… 65
商746②(現) …… 50	商759Ⅱ(改) …… 66
商747(現) …… 56	商759Ⅲ(改) …… 66
商747(改) …… 50	商760(現) …… 59
商748Ⅰ(現) …… 48	商761(現) …… 60
商748Ⅰ(改) …… 52	商761(改) …… 67
商748Ⅱ(現) …… 48	商762(現) …… 61
商748Ⅱ(改) …… 52	商762(改) …… 68
商748Ⅲ(現) …… 48	商763(現) …… 49, 61
商748Ⅲ(改) …… 52	商763(改) …… 68
商749Ⅰ(現) …… 41	商764(改) …… 68
商749Ⅱ(現) …… 42	商765Ⅰ(改) …… 68
商749(改) …… 53	商765Ⅱ(改) …… 69
商750(現) …… 48	商766(現) …… 21, 42
商750Ⅰ(改) …… 53	商766(改) …… 69
商750Ⅱ(改) …… 54	商767(現) …… 63
商751(現) …… 42	商767Ⅰ(改) …… 70
商751(改) …… 54	商767Ⅱ(改) …… 70
商752Ⅰ(現) …… 54	商767Ⅲ(改) …… 70
商752Ⅰ(改) …… 54	商768(現) …… 63
商752Ⅱ前段(現) …… 54	商768(改) …… 70
商752Ⅱ後段(現) …… 55	商769(現) …… 64
商752Ⅱ(改) …… 54	商769Ⅰ(改) …… 71
商752Ⅲ(現) …… 54	商769Ⅱ(改) …… 71
商752Ⅲ(改) …… 55	商770Ⅰ(改) …… 73
商753Ⅰ(現) …… 13, 46	商770Ⅱ(改) …… 73
商753Ⅰ(改) …… 56	商770Ⅲ(改) …… 73
商753Ⅱ(現) …… 46	商770Ⅳ(改) …… 72
商753Ⅱ(改) …… 56	商771(現) …… 68
商753Ⅲ(改) …… 56	商772(現) …… 69
商754(現) …… 24	商773(現) …… 69
商754(改) …… 56	商774(現) …… 69

商775(現) ……………………… 70	国際海運 8 (現) ……………………… 65
商776(現) …………………… 67, 68	国際海運 9 (現) ……………………… 67
商786Ⅰ(現) ………………… 37, 39, 40	国際海運10(改) ……………………… 18
	国際海運13の 2 (現) …………………… 18

◆ **国際海上物品運送法** ◆

国際海運 5 (現) ……………………… 44	国際海運14(平4改前) ………………… 30
国際海運 5 (改) ……………………… 44	国際海運14 Ⅰ (現) …………………… 29
国際海運 6 (現) ……………………… 63	国際海運14 Ⅱ (現) …………………… 29
国際海運 6 Ⅰ(改) ……………………… 10	国際海運14 Ⅲ (現) …………………… 28
国際海運 7 (現) ……………………… 64	国際海運15(改) ……………………… 32
	国際海運20 Ⅱ (現) …………………… 70

〈著者紹介〉

淺木　愼一（あさぎ　しんいち）

昭和28年　愛媛県西条市出身
昭和51年　名古屋大学法学部卒業
　同　　　株式会社太陽神戸銀行（現三井住友銀行）入社
昭和59年　名古屋大学大学院法学研究科博士前期課程修了
　同　　　名古屋大学法学部助手
昭和61年　小樽商科大学商学部講師
昭和62年　同助教授
平成 4 年　神戸学院大学法学部助教授
平成 7 年　同教授
平成13年　明治学院大学法学部教授
平成18年　金沢大学法学部教授
平成20年　金沢大学人間社会学域法学類教授
平成22年　名城大学法学部教授

〈主要編著書〉

『企業取引法入門』（中央経済社・平成13年、共編著）
『ショートカット民法〔第 2 版〕』（法律文化社・平成13年、共著）
『日本会社法成立史』（信山社・平成15年）
『現代企業法入門〔第 4 版〕』（中央経済社・平成17年、共編著）
『商法総則・商行為法入門〔第 2 版〕』（中央経済社・平成17年）
『会社法旧法令集』（信山社・平成18年）
『新・会社法入門』（信山社・平成18年）
『浜田道代先生還暦記念　検証会社法』（信山社・平成19年、共編著）
『会社法旧法令集Ⅱ』（信山社・平成20年）
『商法探訪〔第 2 版〕』（信山社・平成22年）
『商法学通論Ⅰ』（信山社・平成22年）
『商法学通論Ⅱ』（信山社・平成23年）
『商法学通論Ⅲ』（信山社・平成24年）
『商法学通論Ⅳ』（信山社・平成25年）
『手形法・小切手法入門〔第 2 版〕』（中央経済社・平成25年）
『商法学通論Ⅴ』（信山社・平成26年）
『やさしい企業法〔改訂版〕』（嵯峨野書院・平成26年、共編著）
『商法学通論Ⅵ』（信山社・平成26年）
『商法学通論Ⅶ』（信山社・平成27年）
『商法学通論Ⅷ』（信山社・平成27年）
『商法学通論〔補巻Ⅰ〕――商法の視座からの改正民法（案）』（信山社・平成28年）

商法学通論〔補巻Ⅱ〕――新運送法／改正商法案と新民法を基に

2018年 1 月30日　　第 1 版第 1 刷発行

著作者　　淺　木　愼　一
発行者　　今　井　　　貴
発行所　　信山社出版株式会社

〒113-0033　東京都文京区本郷 6-2-9-102
営業　TEL 03-3818-1019　FAX 03-3811-3580
編集　TEL 03-3818-1099　FAX 03-3818-0344

印刷／製本　松澤印刷／渋谷文泉閣

©2018, 淺木愼一．Printed in Japan.
落丁・乱丁本はお取替えいたします．
ISBN 978-4-7972-6080-9 C3332　p160
6080-045-040-005　325.023 商法・会社法　c012

◆**商法学通論シリーズ**◆

淺木愼一 著

私たちの生きる経済社会と、歴史的な経緯を意識し、
より良い未来の展望を拓く、商法全般を広く検討したテキスト

商法学通論 I

◆第1帖◆「商」の概念
　◆第1章 商法の意義
　◆第2章 商法の法源
　◆第3章 商人の概念
　◆第4章 会社の概念
　◆第5章 株式の概念
◆第2帖◆「商」への参入
　◆第1章 企業形態の選択
　◆第2章 企業の立上げ─総論
　◆第3章 株式会社の設立

商法学通論 II

◆第2帖◆「商」への参入
　◆第4章 持分会社の設立
　◆第5章 企業施設の整備
　◆第6章 企業情報の公示
◆第3帖◆「商」の管理・運営
　◆第1章 会社を除く商人の営業の管理・運営
　◆第2章 株式会社による株式・株主の管理

商法学通論 III

◆第3帖◆「商」の管理・運営
　◆第3章 会社の機関──総説
　◆第4章 株主総会および株主による会社運営の監視
　◆第5章 株式会社(委員会設置会社を除く)の業務執行
　　およびその自浄化の体制

商法学通論 IV

◆第3帖◆「商」の管理・運営
　◆第6章 株式会社(委員会設置会社を除く)の社内監査の体制
　◆第7章 株式会社の計算数値の正確性を期する体制
　◆第8章 委員会設置会社の体制
　◆第9章 株式会社の計算
　◆第10章 持分会社・外国会社の管理・運営
◆第4帖◆「商」の取引(上の巻：商行為編)
　◆第1章 商行為法総論
　◆第2章 商事売買の規整
　◆第3章 交互計算という決済制度
　◆第4章 物の流れ・人の流れ
　◆第5章 場屋営業者の責任

信山社

商法学通論Ⅴ

◆第4帖◆ 「商」の取引〔下の巻：有価証券編〕
- ◆第1章 有価証券序論
- ◆第2章 商行為編各論および会社法上の有価証券
- ◆第3章 手形法序説
- ◆第4章 手形行為および手形理論
- ◆第5章 約束手形の振出し

◆資料：手形法旧法令集
【第1部】原法(明治32年(1899年) 法律第48号)
第4編手形編全条文(明治44年(1911年) 法律第73号改正付記)
【第2部】為替手形約束手形条例(明治15年(1882年)太政官布告第57号)
【第3部】旧商法(明治23年(1890年) 法律第32号)
第1編第12章手形及ヒ小切手全条文(明治26年(1893年) 法律第9号改正付記)

商法学通論Ⅵ

◆第4帖◆ 「商」の取引〔下の巻：有価証券編〕
- ◆第6章 約束手形の流通
- ◆第7章 約束手形の支払い
- ◆第8章 約束手形の遡求
- ◆第9章 約束手形の喪失
- ◆第10章 約束手形の実質関係
- ◆第11章 約束手形の時効
- ◆第12章 利得償還請求権

〔資料〕旧銀行取引約定書（ひな型）

商法学通論Ⅶ

◆第4帖◆ 「商」の取引〔下の巻：有価証券編〕
- ◆第13章 為替手形
- ◆第14章 小切手

◆外の帖◆ 平成26年(2014年)改正会社法と通論既巻
- ◆第1章 総論
- ◆第2章 各論

◆第5帖◆ 「商」の資金調達
- ◆第1章 短期資金の調達
- ◆第2章 株式会社の資金調達序論

商法学通論Ⅷ 《待望の完結》

◆第5帖◆ 「商」の資金調達
- ◆第3章 募集株式の発行等
- ◆第4章 新株予約権
- ◆第5章 社 債

◆第6帖◆ 「商」の再編
- ◆第1章 営業・事業の譲渡等
- ◆第2章 定款の変更・組織変更
- ◆第3章 合 併
- ◆第4章 会社分割
- ◆第5章 株式交換および株式移転

◆第7帖◆ 「商」との決別

― 信山社 ―

商法学通論【補巻Ⅰ】
— 商法の視座からの改正民法（案）

◆第1章　総　論
1 緒　言／2 民法典の歴史／3 平成 21 年(2009 年) の法制審議会への諮問以降の流れ
◆第2章　各論 (1) ― 民法総則
1 意思能力および行為能力／2 物に関する規定／3 公序良俗／4 意思表示の瑕疵／5 その他の意思表示に係る改正／6 代　理／7 無効・取消し／8 条件の成就の妨害等／9 消滅時効
◆第3章　各論 (2) ― 債権総則
1 債権の目的／2 債務不履行／3 債権者代位権／4 詐害行為取消権／5 多数当事者間の債権および債務（保証債務を除く）／6 保証債務／7 債権譲渡／8 債務引受け／9 弁　済／10 相　殺／11 更　改／12 有価証券
◆第4章　各論 (3) ― 契約総則
1 契約の成立／2 同時履行の抗弁／3 危険負担／4 第三者のためにする契約／5 契約上の地位の移転／6 契約の解除／7 定型約款
◆第5章　各論 (4) ― 契約各則・売買および委任
1 緒　言／2 売　買／3 委　任

〈資料〉「民法の一部を改正する法律の施行に伴う関係法律の整備等に関する法律(案)」による主要商法関係法改正一覧
　1 商法(明治 32 年法律第 48 号)／2 手形法(昭和 7 年法律第 20 号)／3 小切手法(昭和 8 年法律第 57 号)／4 会社法(平成 17 年法律第 86 号)

――― 過去の文献・資料を読む際に利便 ―――
会社法旧法令集　淺木愼一　編
会社法旧法令集Ⅱ　淺木愼一　編

日本会社法成立史　淺木愼一　著

信山社